L'ART

DE

COMPOSER ET DÉCORER LES JARDINS.

OUVRAGES QUI SE TROUVENT CHEZ LE MÊME LIBRAIRE.

ANNUAIRE DU BON JARDINIER ET DE L'AGRONOME, renfermant la description et la culture de toutes les plantes utiles ou d'agrément qui ont paru pour la première fois.

Les années 1826, 27, 28, coûtent 1 fr. 50 cent. chaque.

Les années 1829 et 1830, 3 fr. chaque.

ART DE CULTIVER LES JARDINS, ou Annuaire du bon Jardinier et de l'Agronome, renfermant un calendrier indiquant mois par mois tous les travaux à faire tant en jardinage qu'en agriculture; les principes généraux du jardinage, tels que connaissances et compositions des terres, multiplication des plantes par semis, marcottes, boutures, greffes, etc.; la culture et la description de toutes les espèces et variétés d'arbres fruitiers et de plantes potagères, ainsi que toutes les espèces et variétés de plantes utiles ou d'agrément; par un Jardinier agronome. 1 gros volume in-18. Ouvrage orné de figures. 3 fr. 50 c.

Les années 1831 et 1832, 1833 et 1834, et suivantes, 3 fr. 50 c. chaque.

MANUEL DE PHYSIOLOGIE VÉGÉTALE, DE PHYSIQUE, DE CHIMIE ET DE MINÉRALOGIE, APPLIQUÉES A LA CULTURE; par M. Boitard. Un vol. orné de planches. 3 fr.

— DE BOTANIQUE, contenant les principes élémentaires de cette science, la Glossologie, l'Organographie et la Physiologie végétale, la Phytothérosie, l'analyse de tous les systèmes, tant naturels qu'artificiels, faits sur la distribution des plantes depuis Aristote jusqu'à ce jour; et le développement du système des familles naturelles; par M. Boitard. *Deuxième édition*. Un vol. orné de planches. 3 f. 50 c.

— DE BOTANIQUE, deuxième partie, FLORE FRANÇAISE, ou Description synoptique de toutes les plantes phanérogames et cryptogames qui croissent naturellement sur le sol français, avec les caractères des genres des agames et l'indication des principales espèces; par M. Boisduval. 3 gros vol. in-18. 10 fr. 50 c.

ATLAS DE BOTANIQUE, composé de 120 planches, représentant la plupart des planches décrites dans les ouvrages ci-dessus.

Figures noires, 18 fr. Figures coloriées, 36 f.

MANUEL DES HABITANS DE LA CAMPAGNE ET DE LA BONNE FERMIÈRE, ou Guide pratique des travaux à faire à la campagne; par mesdames Gacon-Dufour et Celnart. *Deuxième édition*. Un vol. 2 f. 50 c.

— DE L'HERBORISTE, DE L'ÉPICIER-DROGUISTE ET DU GRAINIER PÉPINIÉRISTE, contenant la description des végétaux, les lieux de leur naissance, leur analyse chimique et leurs propriétés médicales; par MM. Julia-Fontenelle et Tollard. Deux gros vol. 7 fr.

HISTOIRE NATURELLE DES VÉGÉTAUX, classés par familles, avec la citation de la classe et de l'ordre de Linnée, et l'indication de l'usage qu'on peut faire des plantes dans les arts, le commerce, l'agriculture, le jardinage, la médecine, etc., des figures dessinées d'après nature, et un *Genera* complet, selon le système de Linnée, avec des renvois aux familles naturelles de Jussieu; par J.-B. Lamarck, membre de l'Institut, professeur au Muséum d'Histoire naturelle, et par C.-B.-F. Mirbel, membre de l'Académie des Sciences, professeur de botanique. Édition ornée de 120 planches représentant plus de 1600 sujets, 15 vol., et 54 livraisons de planches, figures noires. 30 f. 50 c.

Le même ouvrage, figures coloriées. 46 f. 50 c.

MANUEL DU JARDINIER, ou l'Art de cultiver et de composer toutes sortes de jardins, ouvrage divisé en deux parties: la première contient la culture des jardins potagers et fruitiers; la seconde, la culture des fleurs et tout ce qui a rapport aux jardins d'agrément; dédié à M. Thouin, ex-professeur de culture au Muséum d'histoire naturelle, membre de l'Institut, etc., par M. Bailly, son élève. *Cinquième édition*, revue, corrigée et considérablement augmentée. Deux gros volumes ornés de planches. 5 fr.

MANUEL DU JARDINIER DES PRIMEURS, ou l'Art de forcer la nature à donner ses productions en tout temps; par MM. Noisette et Boitard. Un vol. orné de pl. 3 fr.

ART DE CRÉER LES JARDINS, contenant les préceptes généraux de cet art; leur application développée sur des vues perspectives, coupes et élévations, par des exemples choisis dans les jardins les plus célèbres de France et d'Angleterre; par N. Vergnaud, Architecte, vol. in-folio, orné de 24 planches. 72 f.

MANUEL DU DESTRUCTEUR DES ANIMAUX NUISIBLES, ou l'Art de prendre et de détruire tous les animaux nuisibles à l'agriculture, au jardinage, à l'économie domestique, à la conservation des chasses, des étangs, etc., etc.; par M. Vérardi. *Deuxième édition*. Un vol. orné de planches. 3 fr.

— DU CHASSEUR, contenant un Traité sur toutes les chasses; un vocabulaire des termes de vénerie, de fauconnerie, et de chasse; les lois, ordonnances de police, etc., sur le port d'armes, la chasse, la pêche, la louveterie. *Quatrième édition*. Un vol. avec figures et musique. 3 fr.

— DU PÊCHEUR FRANÇAIS, ou Traité général de toutes sortes de pêches; l'Art de fabriquer les filets; un Traité sur les étangs; un Précis des lois, ordonnances et règleme[ns sur la] pêche, etc., etc.; par M. Pesson-Maisonneuve. Un [vol. orné] de figures.

— DU CULTIVATEUR-FORESTIER, contenant [l'art de] cultiver en forêts tous les arbres indigènes et exotiq[ues ... pro]pres à l'aménagement des bois, l'explication des term[es techni]ques employés dans le langage forestier et en botani[que ... den]drologique; un extrait des lois concernant les p[ropriétés] particulières soumises au régime forestier et les fonc[tions des] gardes; enfin une Flore dendrologique de la Fran[ce; par] M. Boitard, membre de plusieurs sociétés savantes n[ationales] et étrangères. Deux vol.

— DU CULTIVATEUR FRANÇAIS, ou l'Art de [bien cul]tiver les terres, de soigner les bestiaux et de retirer [des unes] et des autres le plus de bénéfices possible; par M. T[hiébaut] de Berneaud. Deux vol.

HISTOIRE NATURELLE DES VÉGÉTAUX, par MM. de Candolle, Spach et de Brébisson. *Ouv[rage en]tièrement neuf*, contenant;

LA PHYSIOLOGIE VÉGÉTALE, INTRODUC[TION À] LA BOTANIQUE, etc.; par M. de Candolle, de Gen[ève].

LES PLANTES PHANÉROGAMES, par M. Spa[ch], naturaliste au Muséum d'histoire naturelle.

LES PLANTES CRYPTOGAMES, par M. de Br[ébisson].

Ces ouvrages font partie des SUITES A BUFFON, [dont le] Prospectus se distribue chez M. Roret, rue Hau[tefeuille,] n° 10 *bis*.

CONDITIONS DE LA SOUSCRIPTION.

Les *Suites à Buffon* formeront 45 volumes in-8° [environ,] imprimés avec le plus grand soin et sur beau papier; [ce nom]bre paraît suffisant pour donner à cet ensemble toute [l'étendue] convenable; ainsi qu'il a été dit précédemment, chaque [auteur] s'occupant depuis long-temps de la partie qui lui est [confiée,] l'éditeur sera à même de publier en peu de temps la [totalité] des traités dont se composera cette utile collection.

A partir de janvier 1834, il paraît au moins tous l[es mois] un volume in-8° accompagné de livraison d'environ [... plan]ches noires ou coloriées.

Prix du texte, chaque volume, 4 [...]

Prix de chaque livraison { noire 3 [...] / coloriée 6 [...] }

Nota. *Les personnes qui souscriront pour des parties [séparées] paieront chaque volume 6 fr.*

L'ART

DE

COMPOSER ET DÉCORER LES JARDINS,

PAR M. BOITARD.

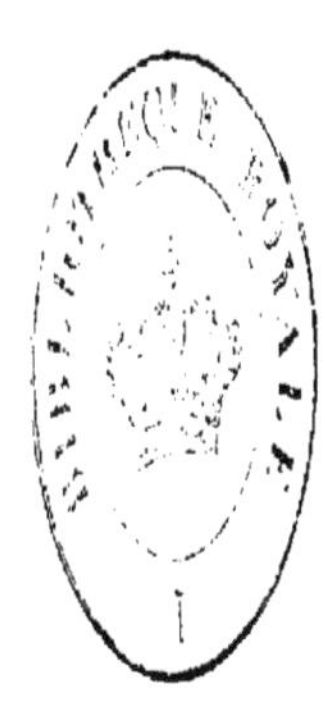

DEUXIÈME ÉDITION.

Atlas.

PARIS,

LIBRAIRIE ENCYCLOPÉDIQUE DE RORET. RUE HAUTEFEUILLE, N° 10 BIS.

1846

FRONTISPICE

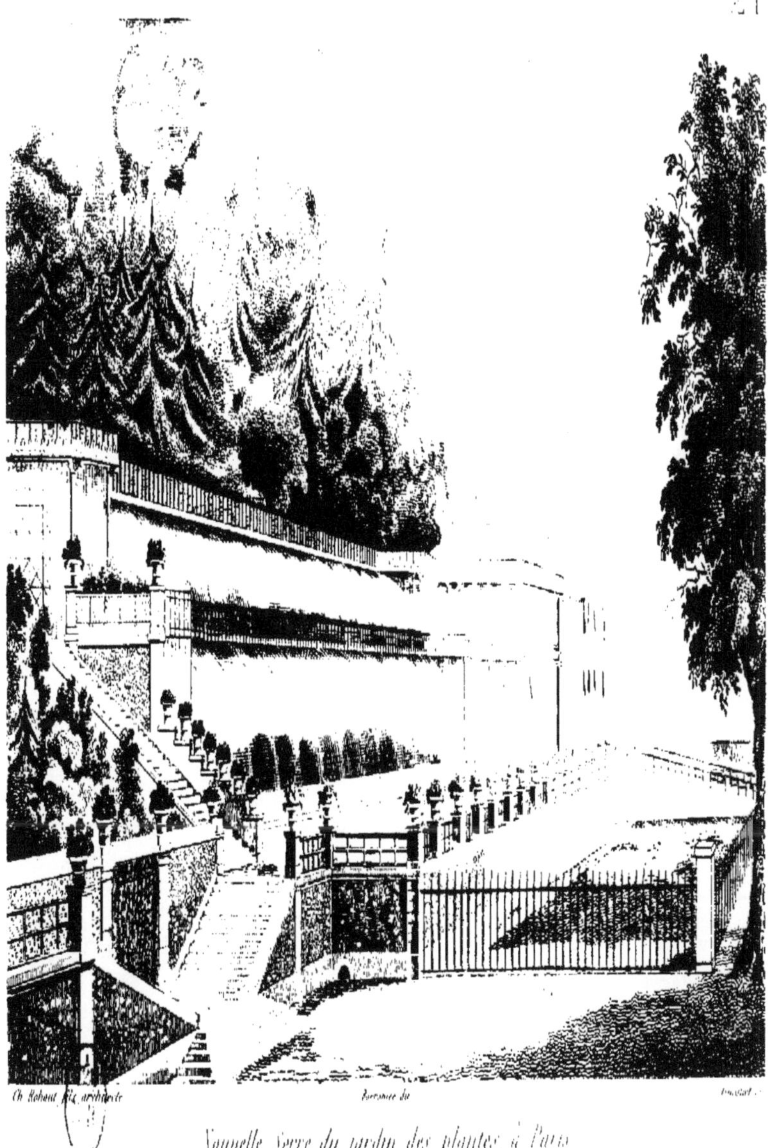

Ch. Rohaut fils architecte

Nouvelle Serre du jardin des plantes, à Paris

II

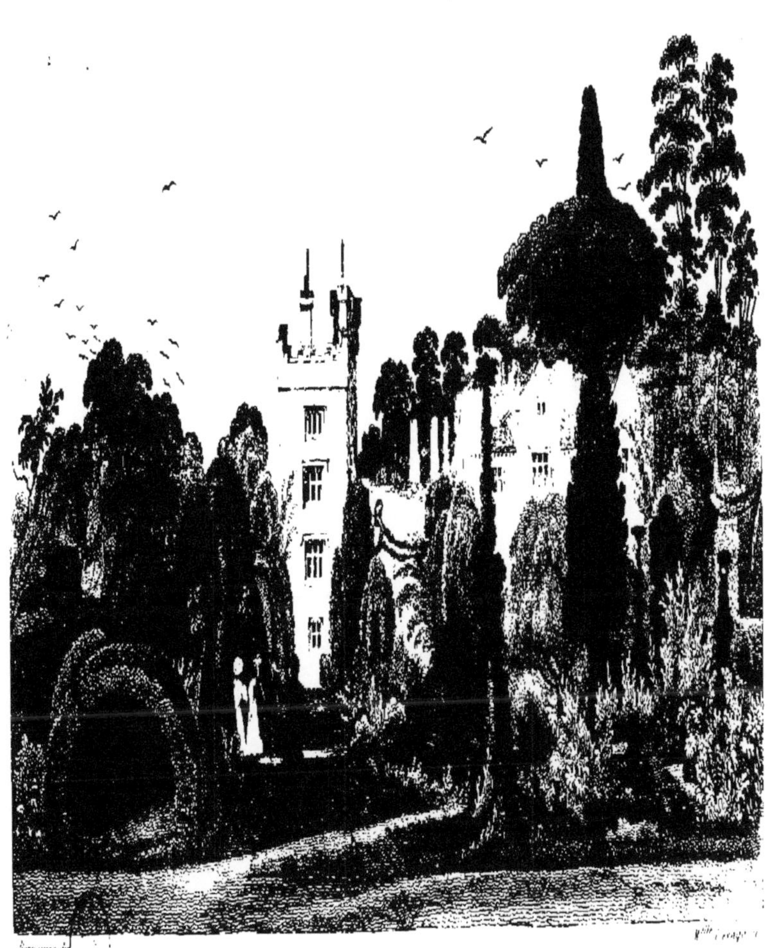

Borromée del. Mlle [illegible]

Château de Levens, [illegible]

III

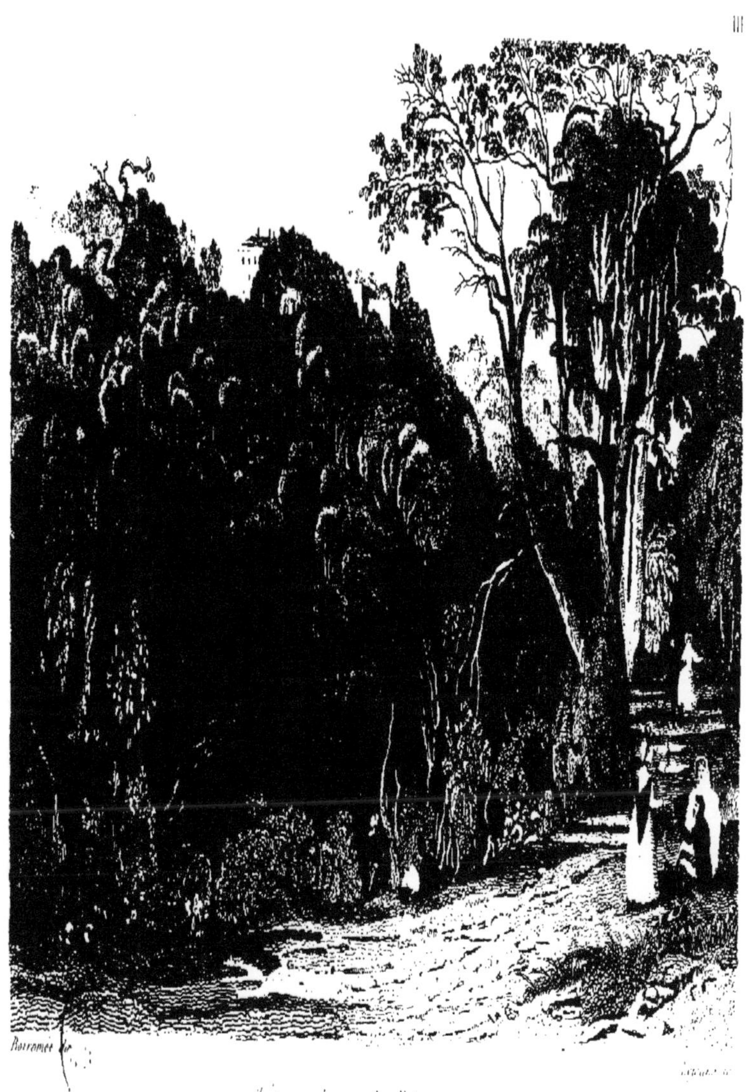

Borromée del.

Château de Castle Eden

IV

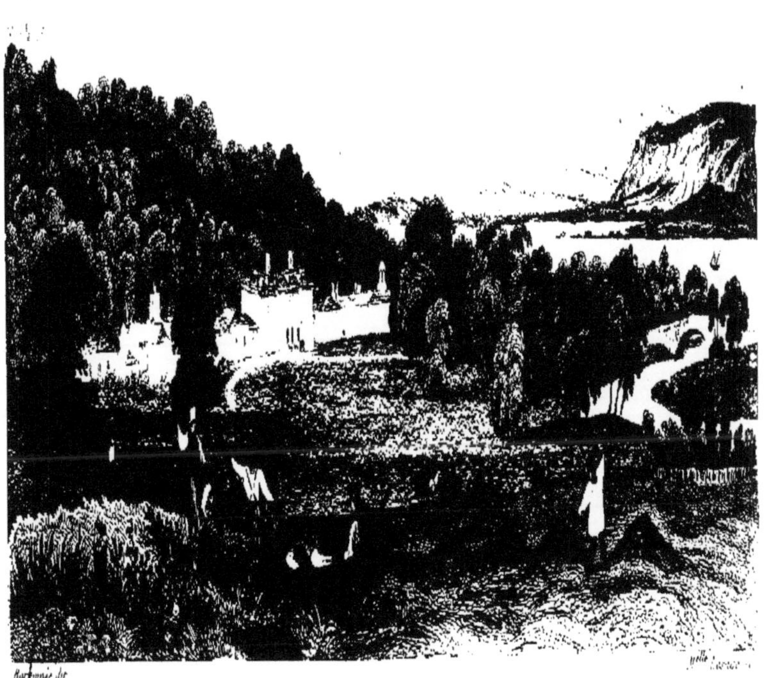

Bonnée dir

Tour de Dallam (Angleterre)

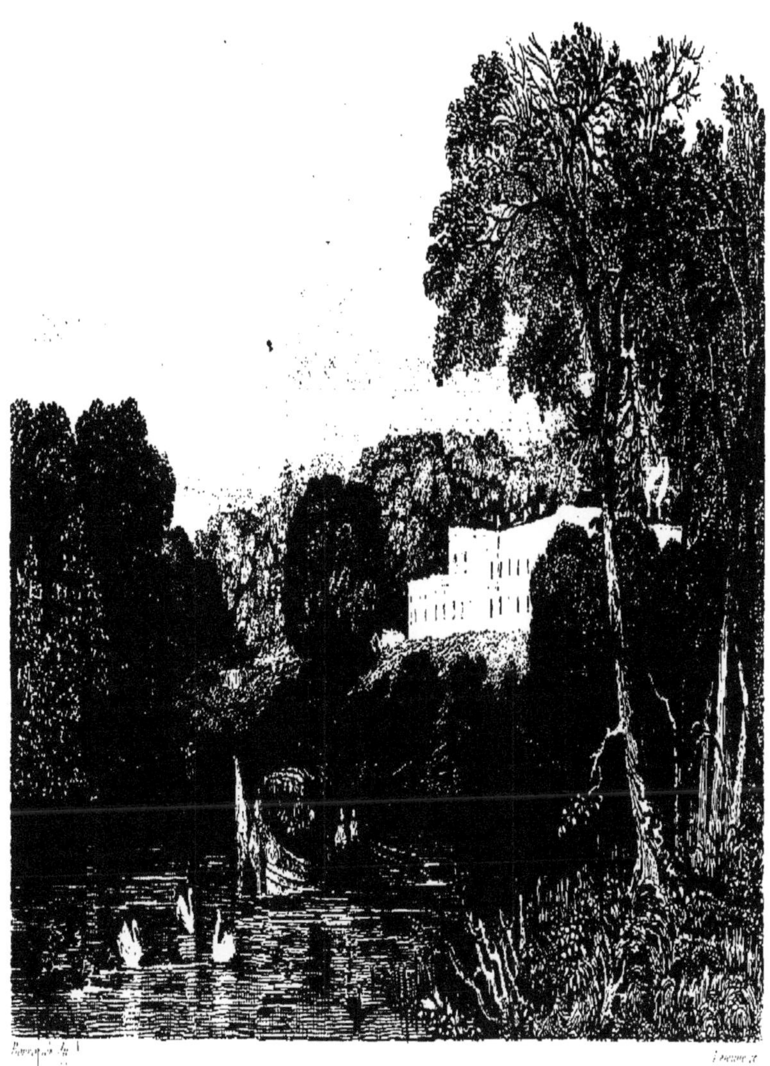

Chateau de Wynyard, [illegible]

VI

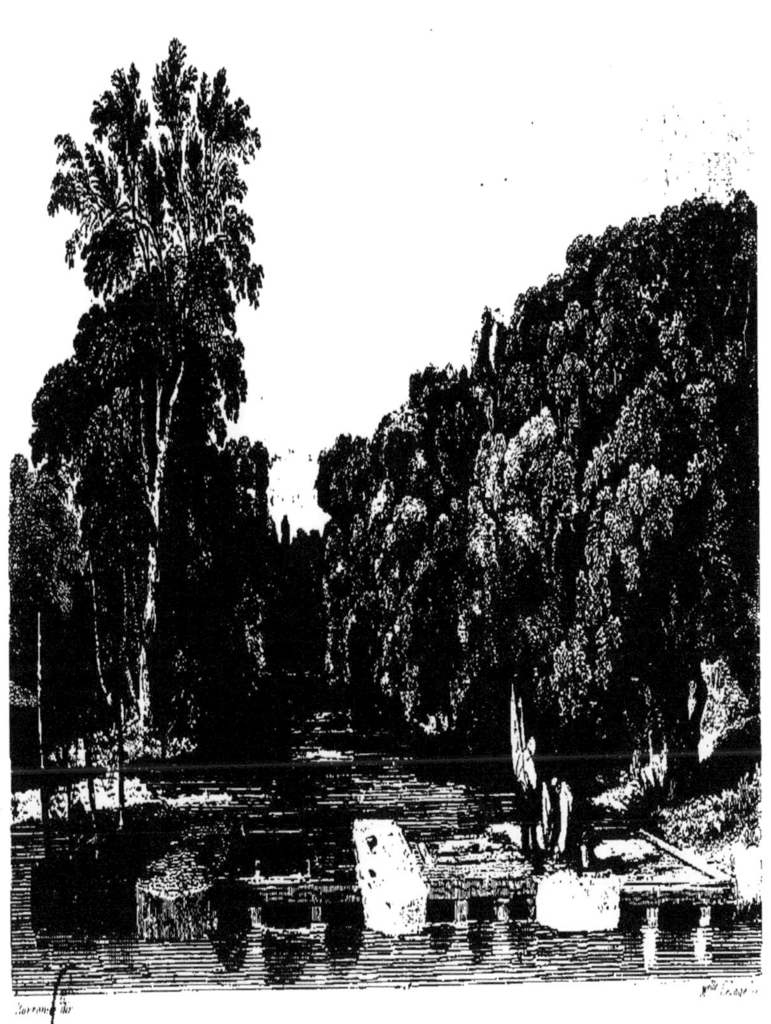

Château de Corby, Angleterre

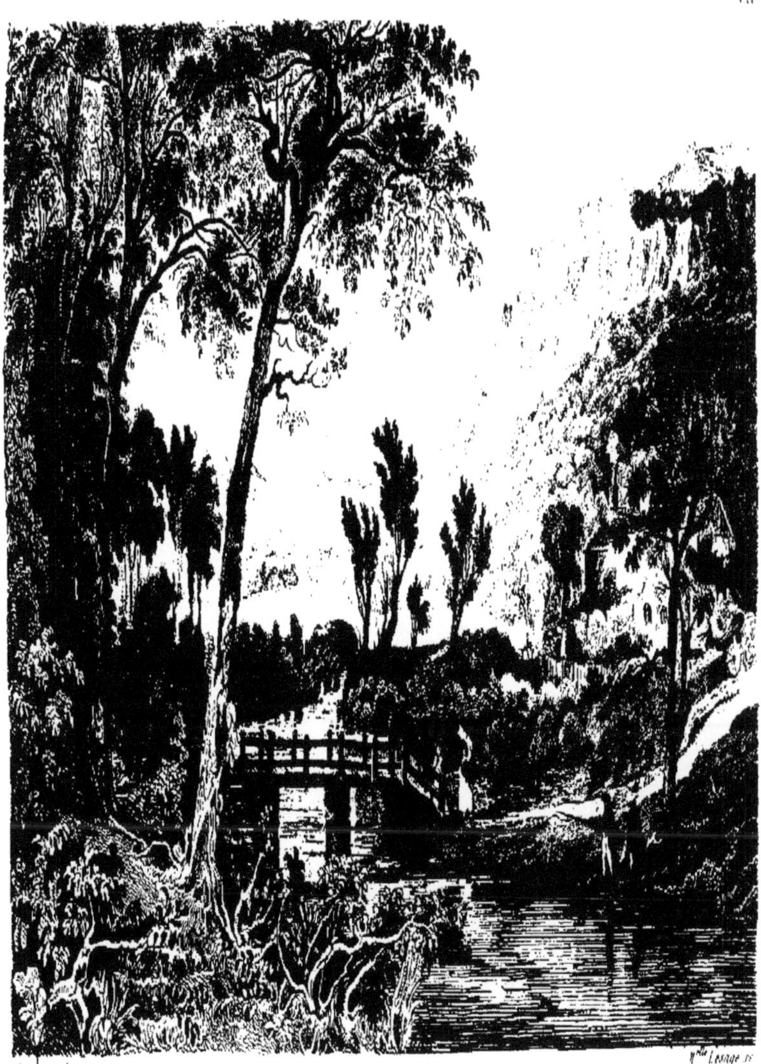

Mlle Lesage sc

Lac et Village de Rydal

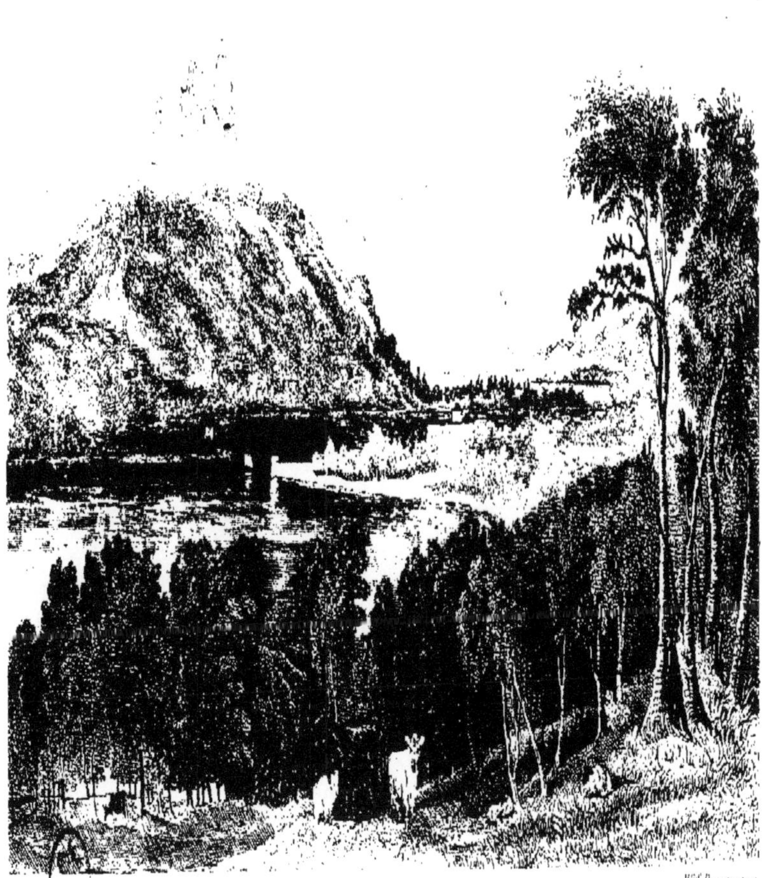

Château de B. C. (Angleterre)

IX.

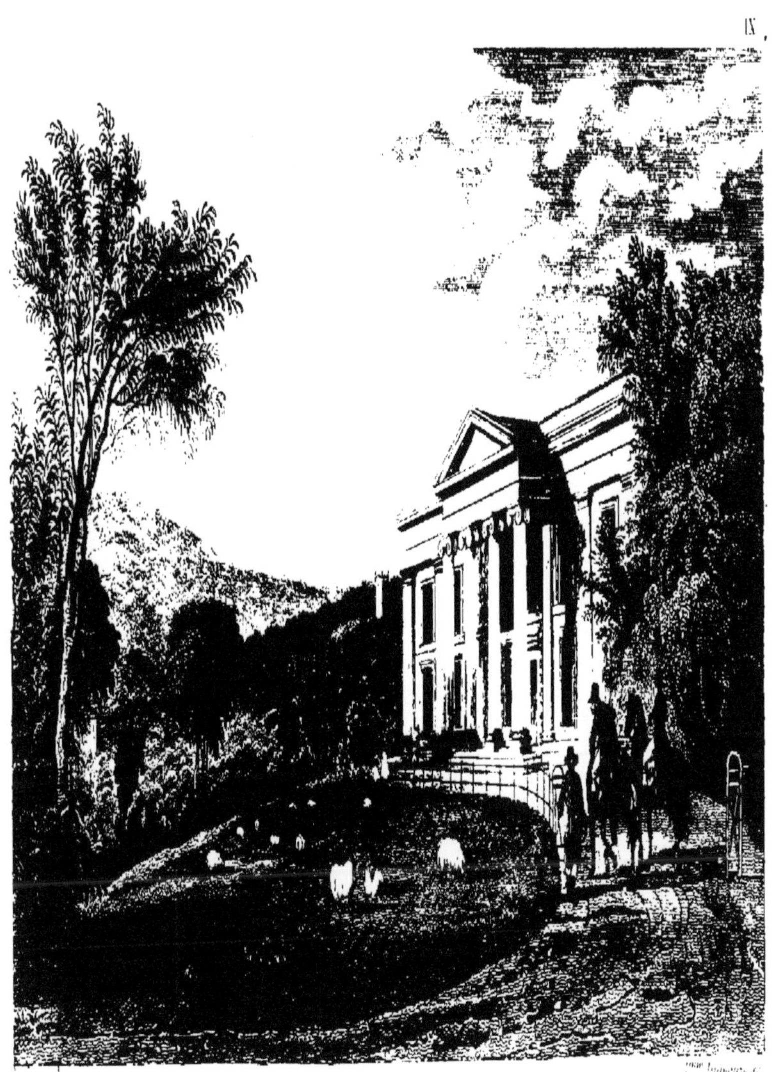

Un Château, côté du Parc.

X.

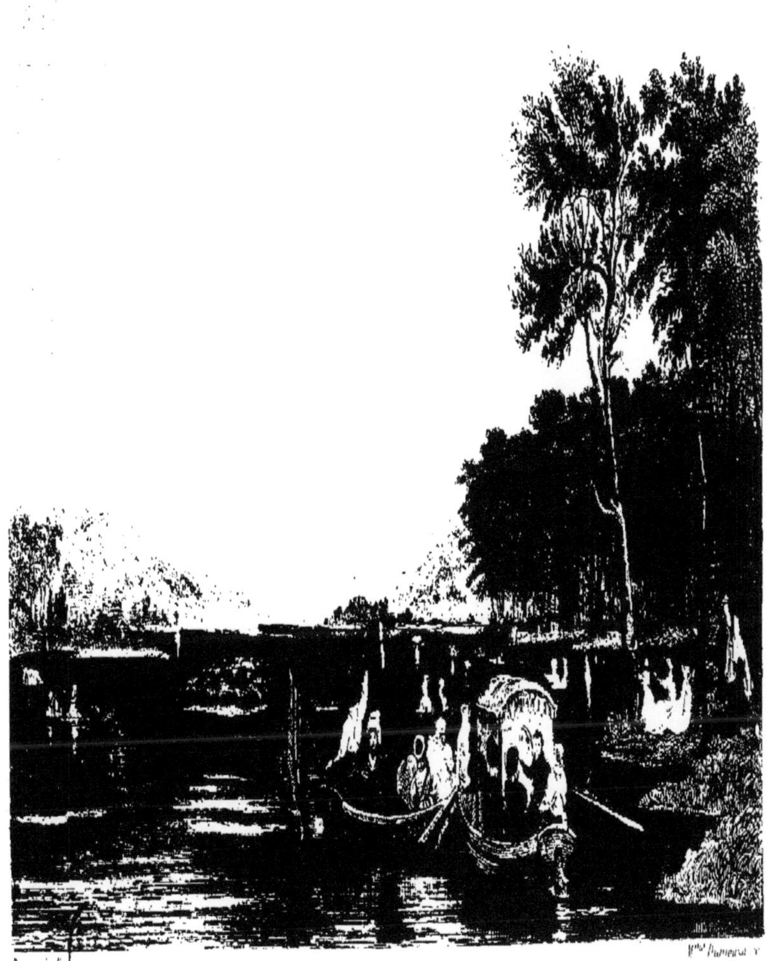

Borromée dir. Mme Dumesnil sc.

Bac sur le Lac Windermere, Angleterre

XI.

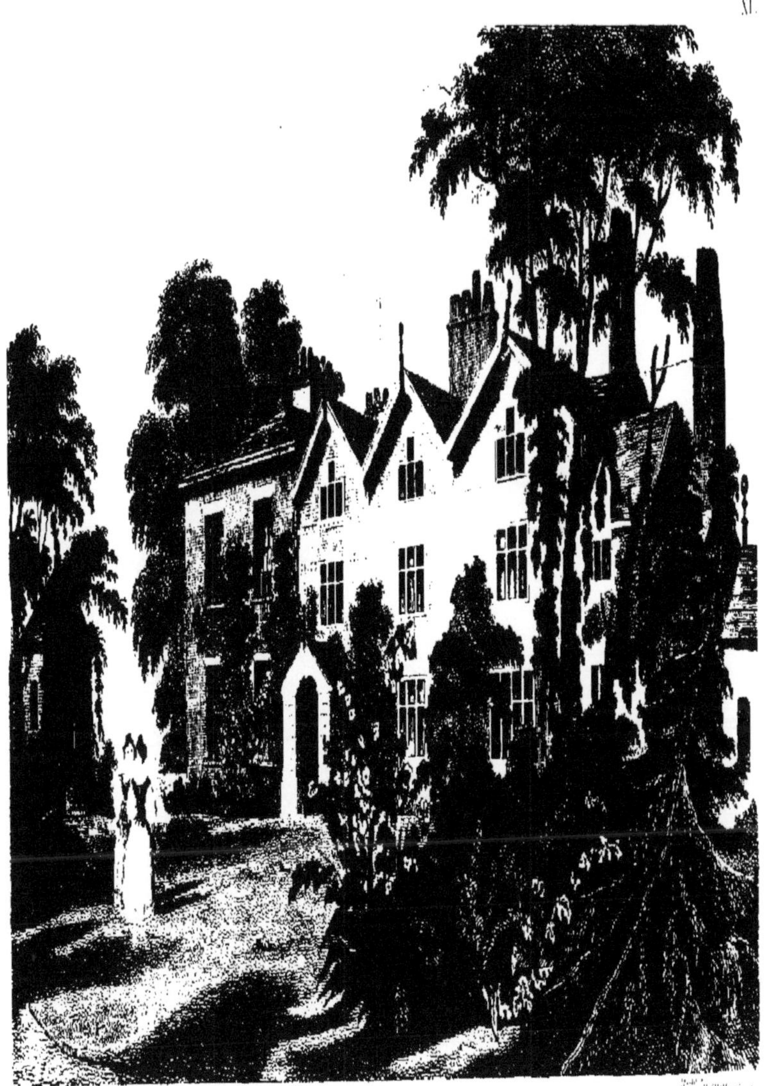

Maison près Manchester, Angleterre

XII.

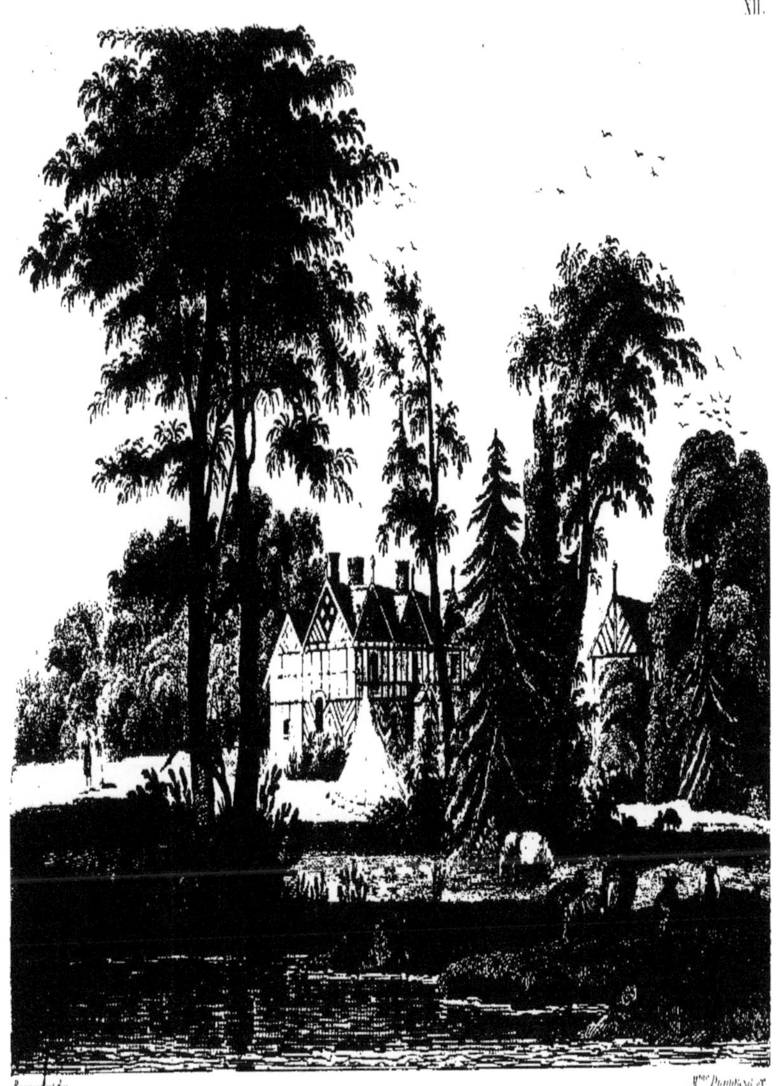

Château près Manchester, Angleterre

Pl. 1ère

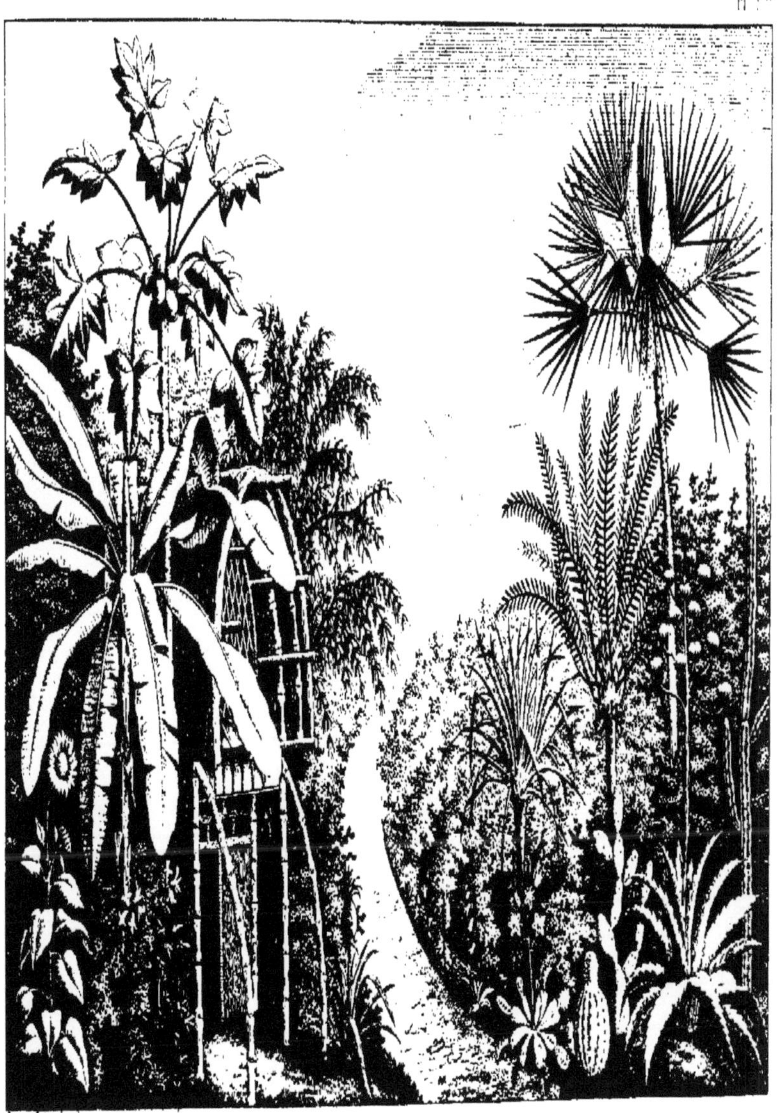

Jardin exotique.

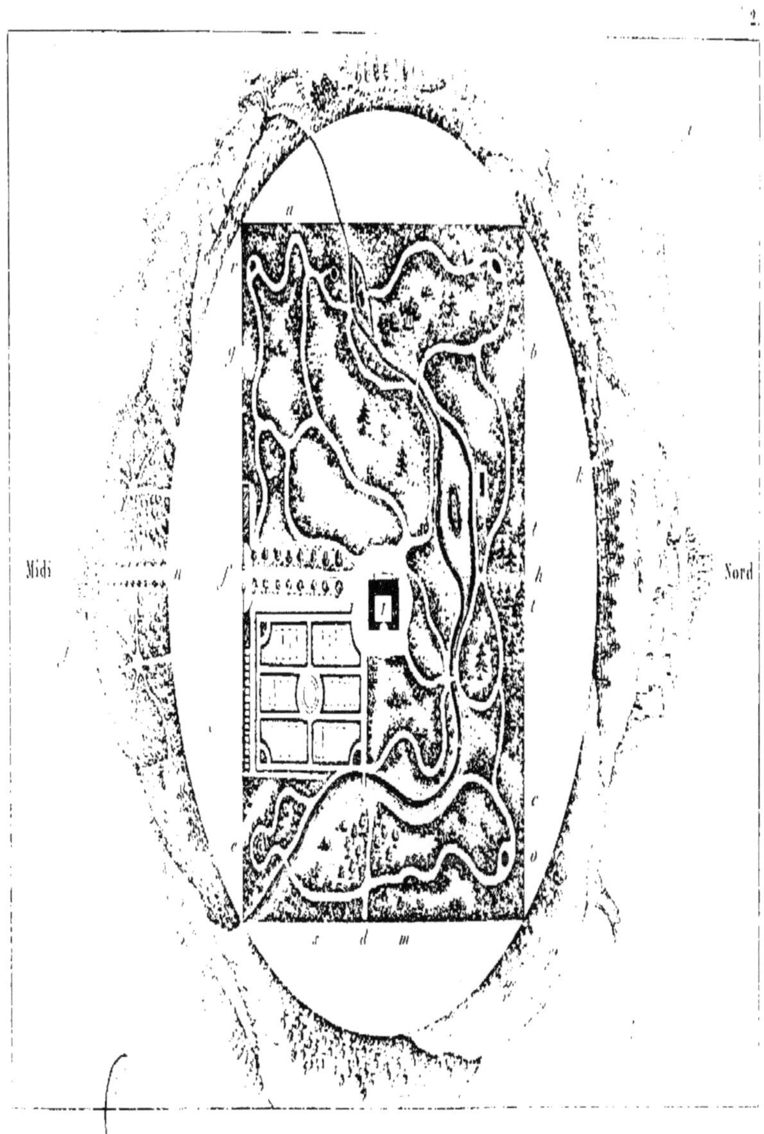

Tracé d'un Jardin.

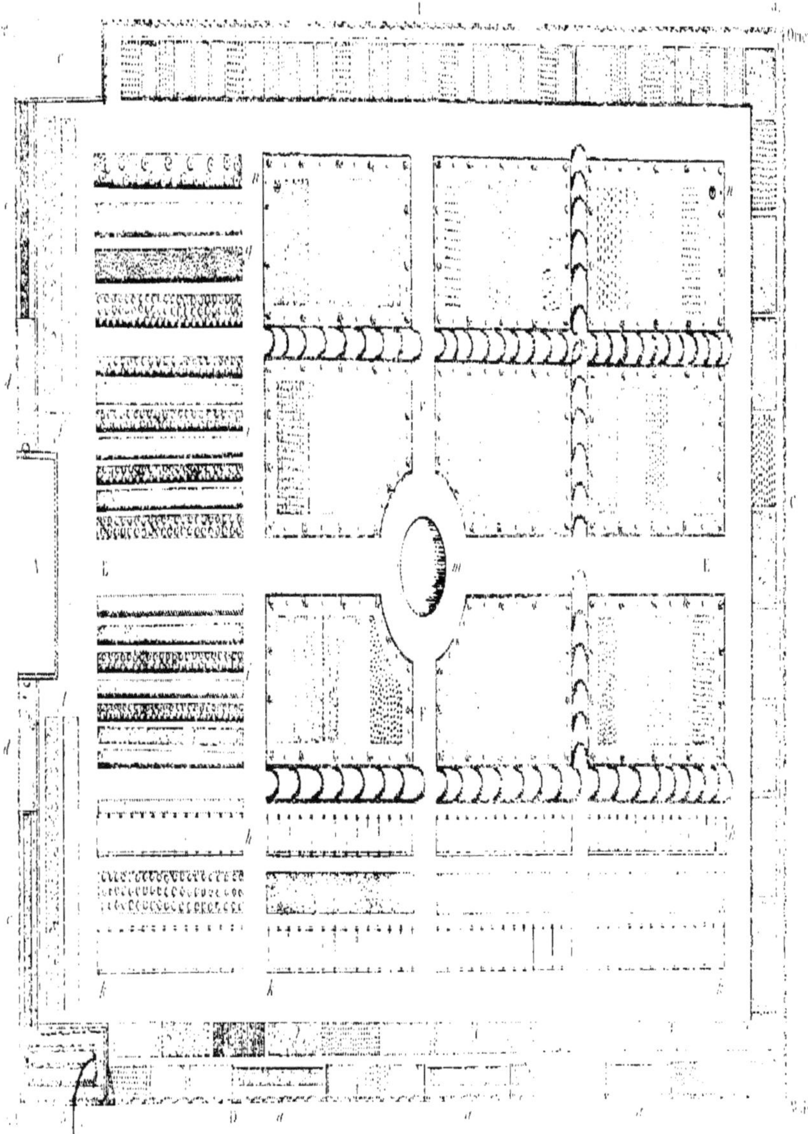

Potager.

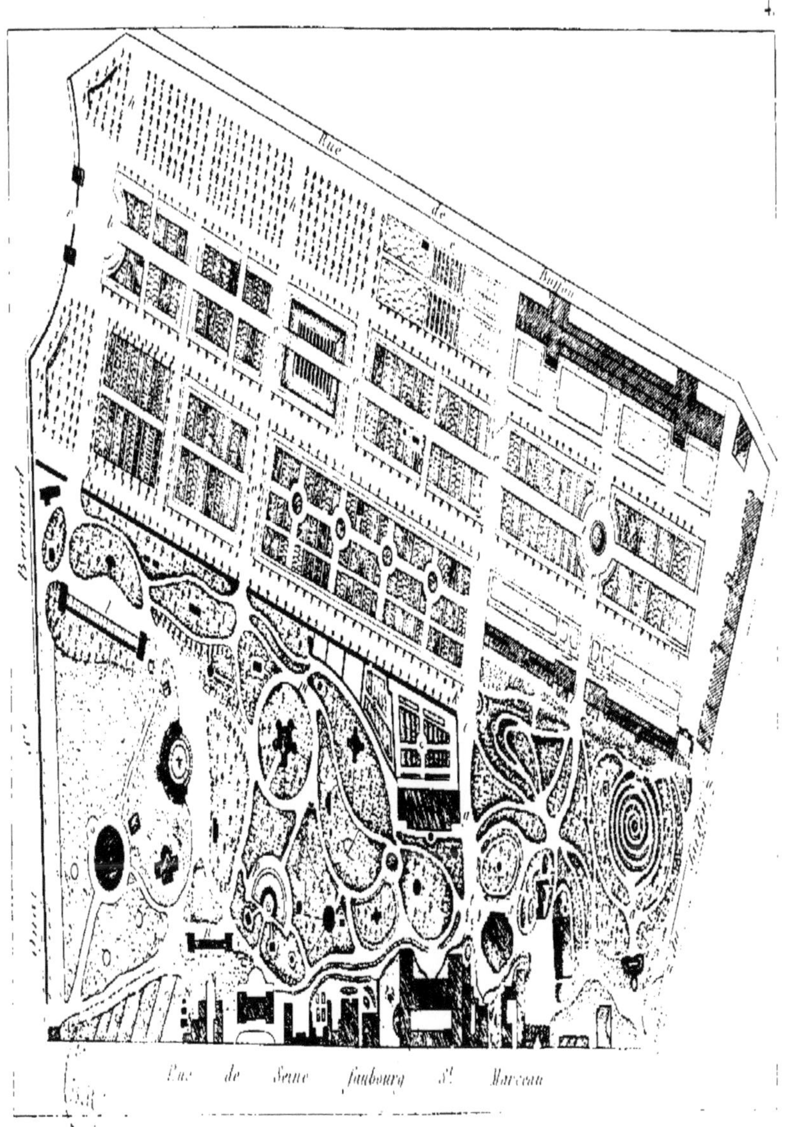

Plan du Jardin des plantes à Paris

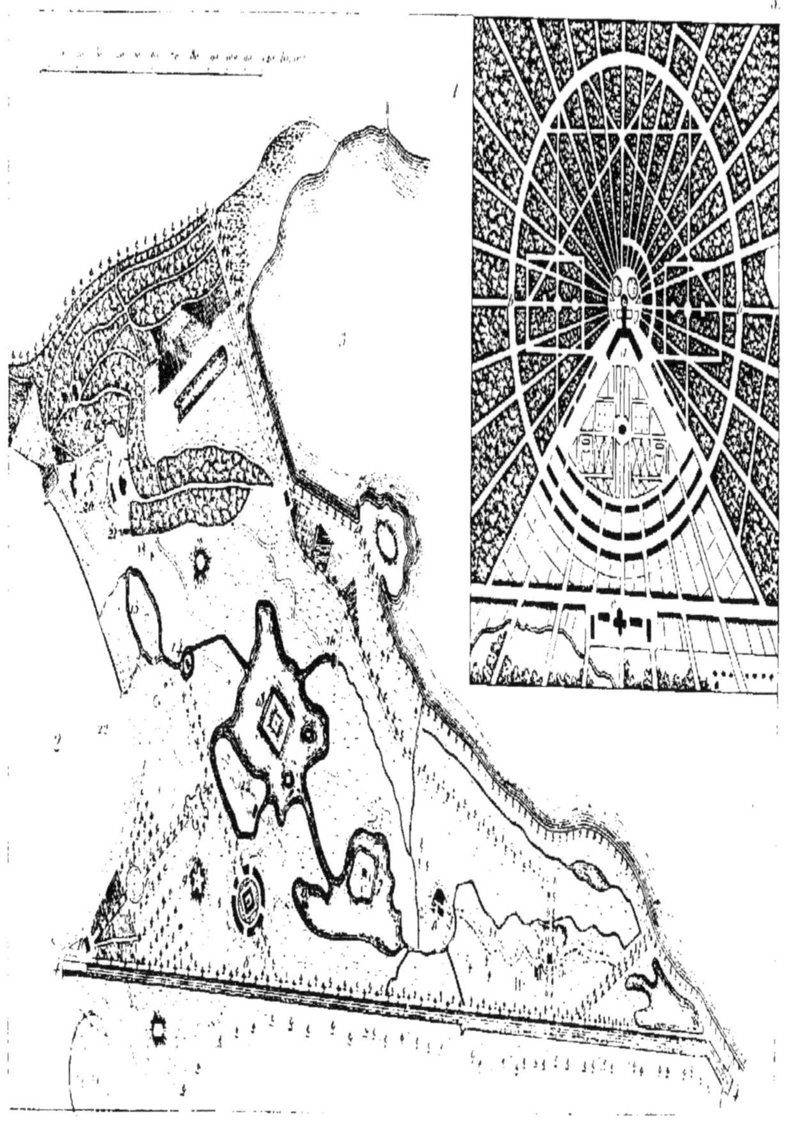

1 et 2. Jardin public et jardin anglais de Carlsruh

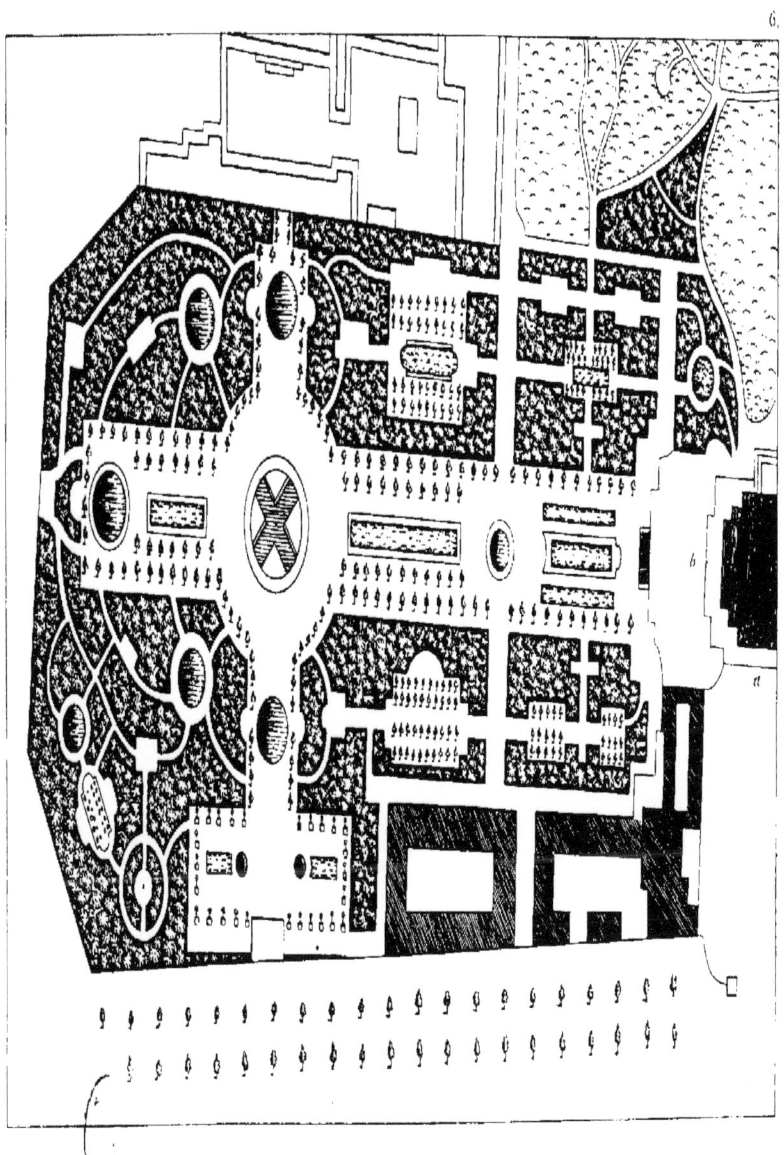

Jardin français du petit Trianon.

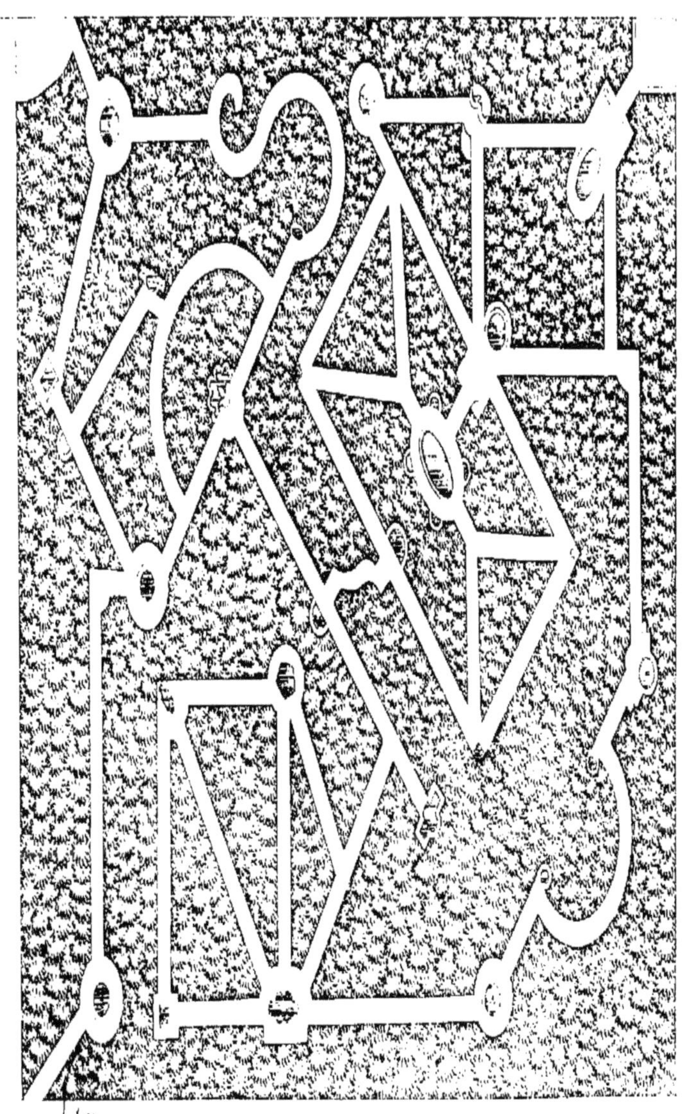

Labyrinthe de Versailles.

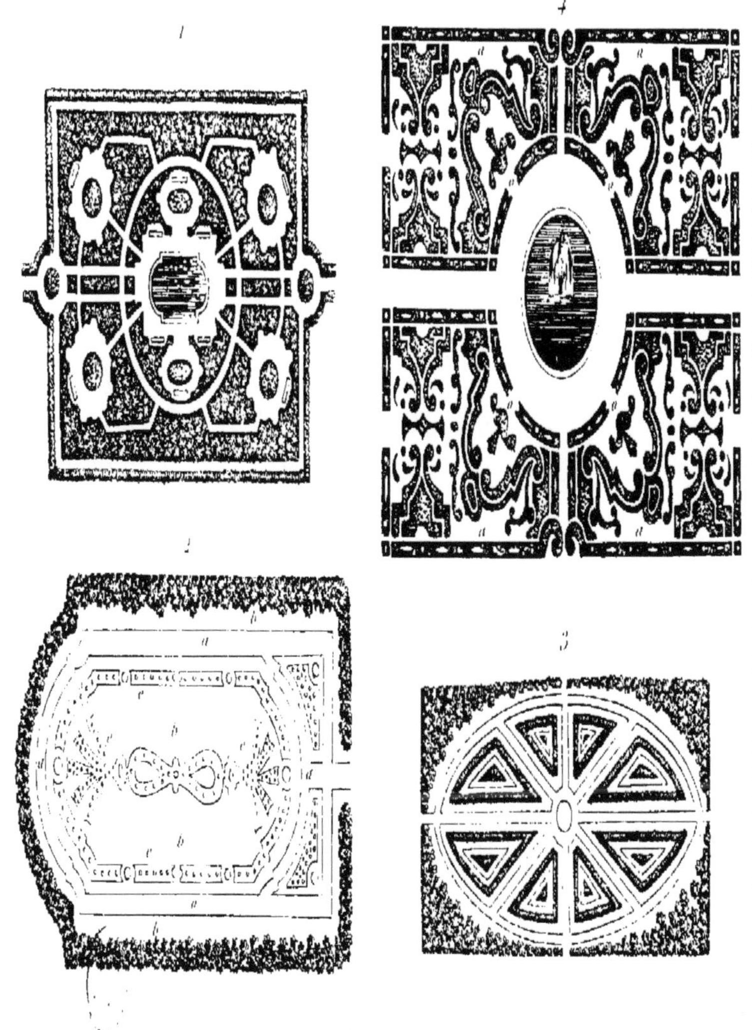

Parterres de broderie.

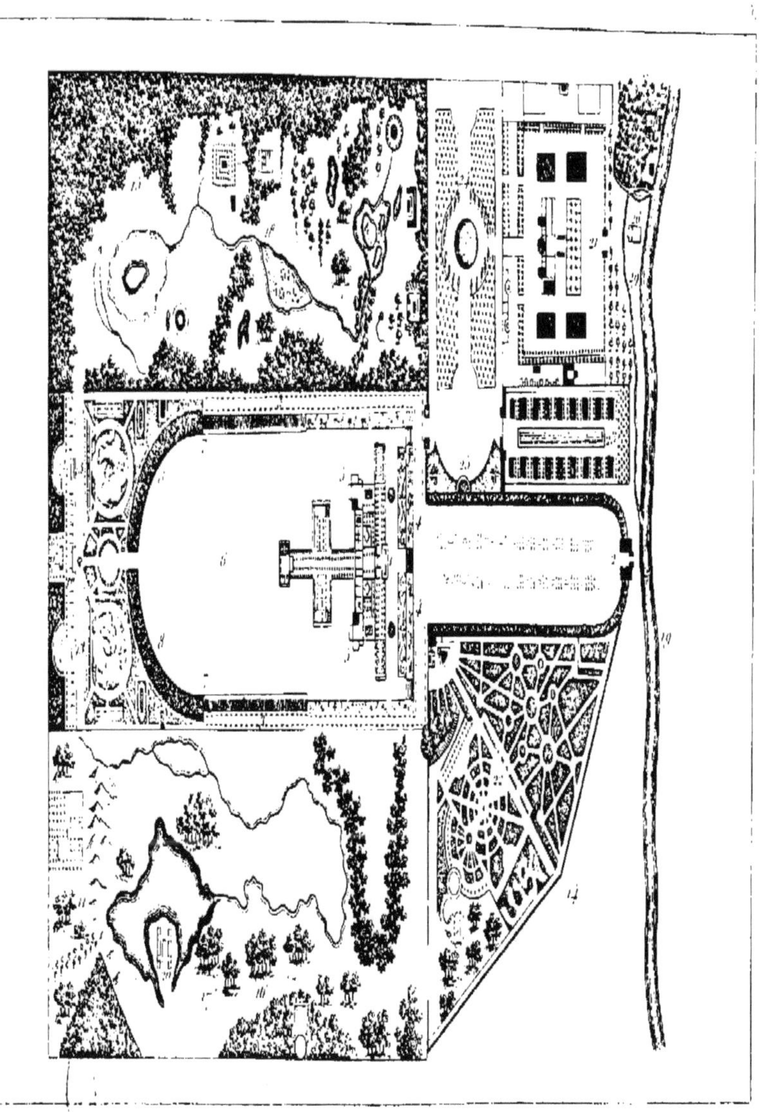

Jardins de Tusculanum.

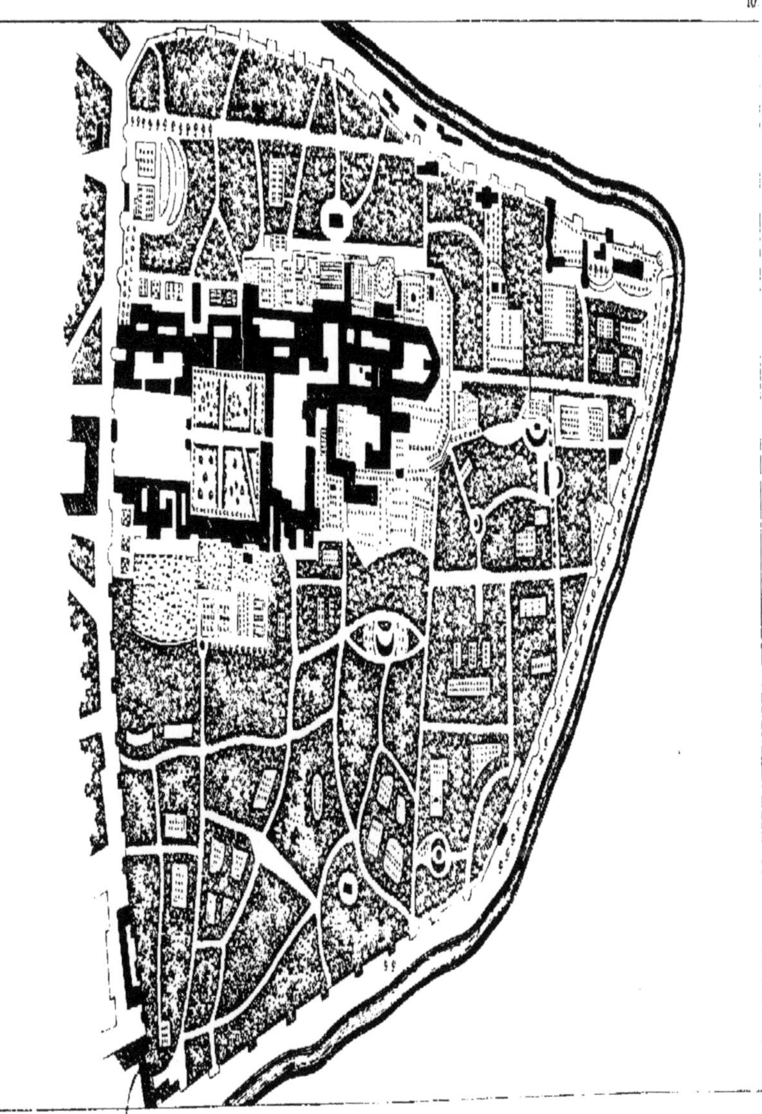

Jardins du grand seigneur, à Constantinople.

D.

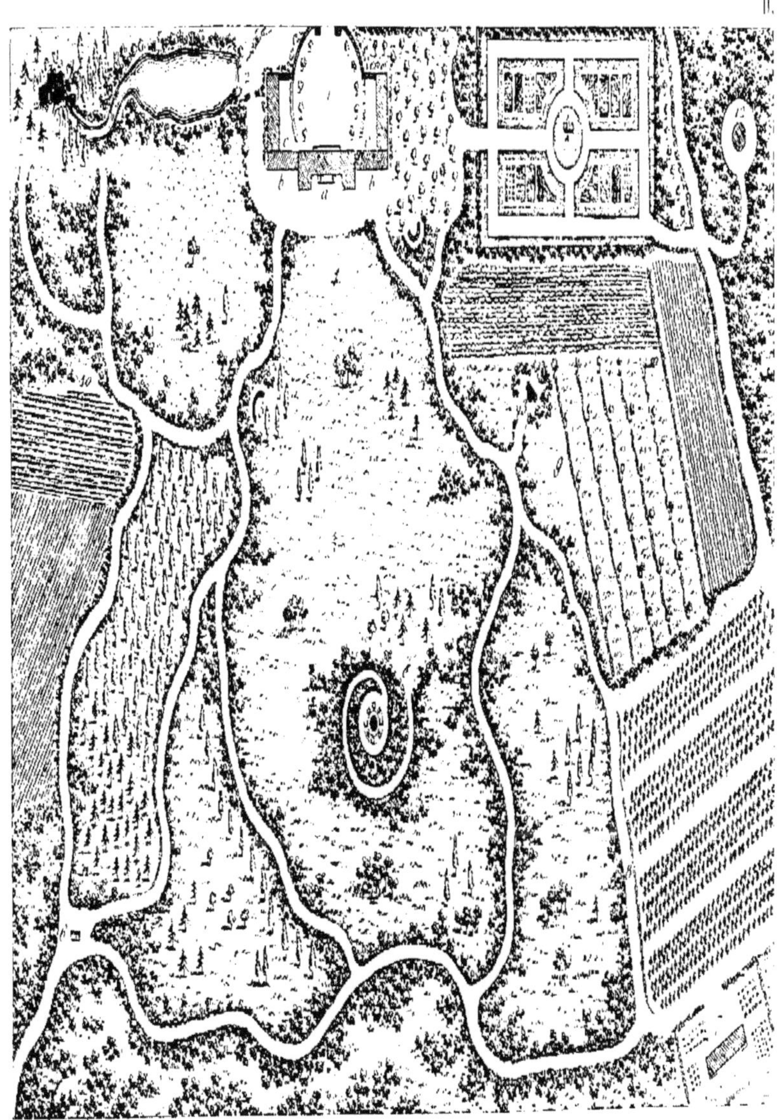

Ferme ornée.

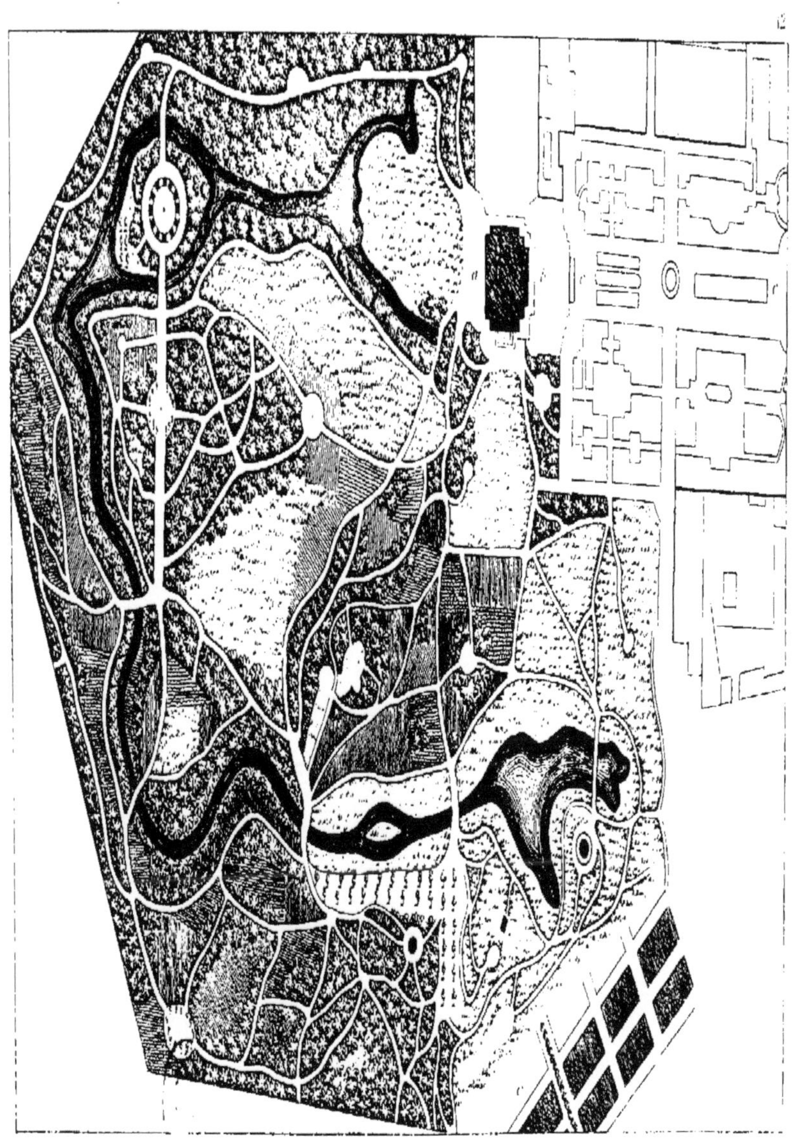

Jardin anglais du petit Trianon.

15.

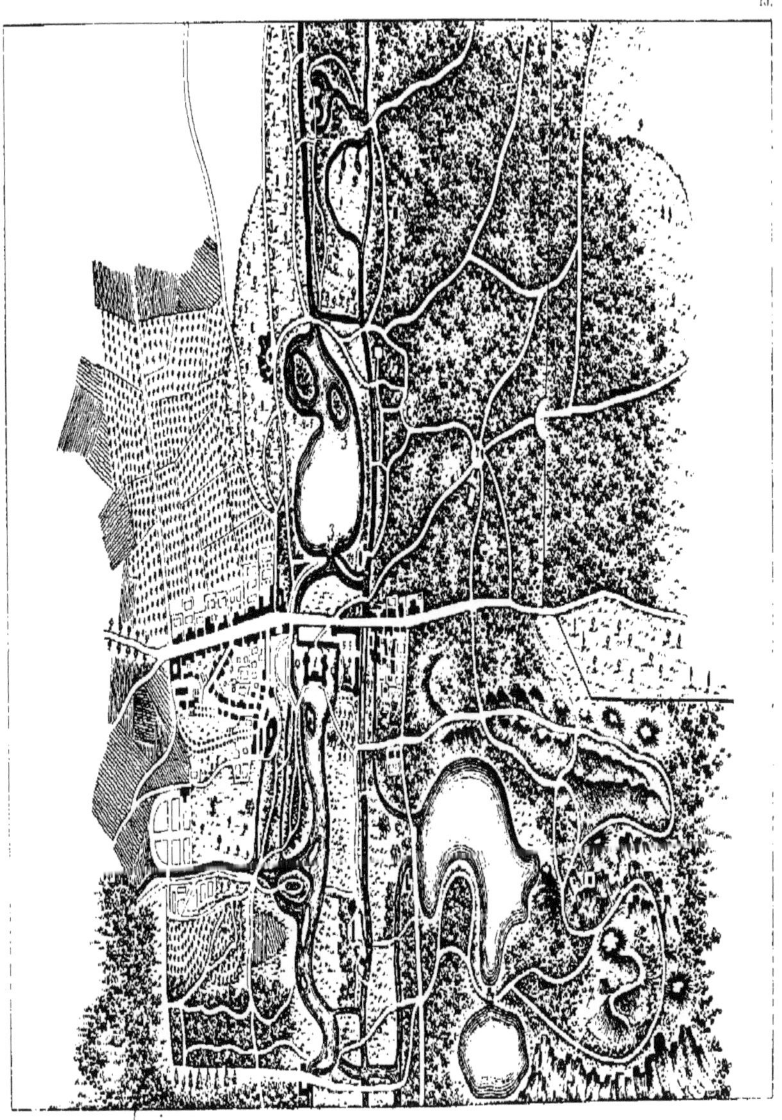

Parc d'Ermenonville.

14.

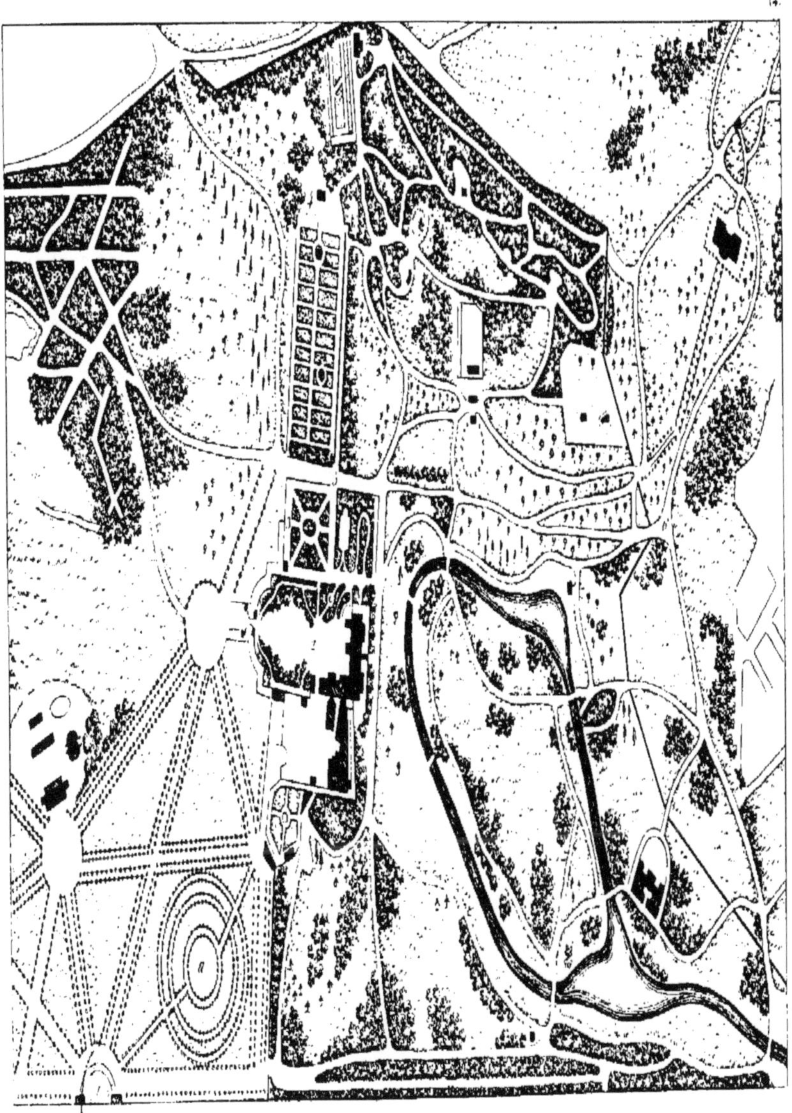

Parc de la Malmaison.

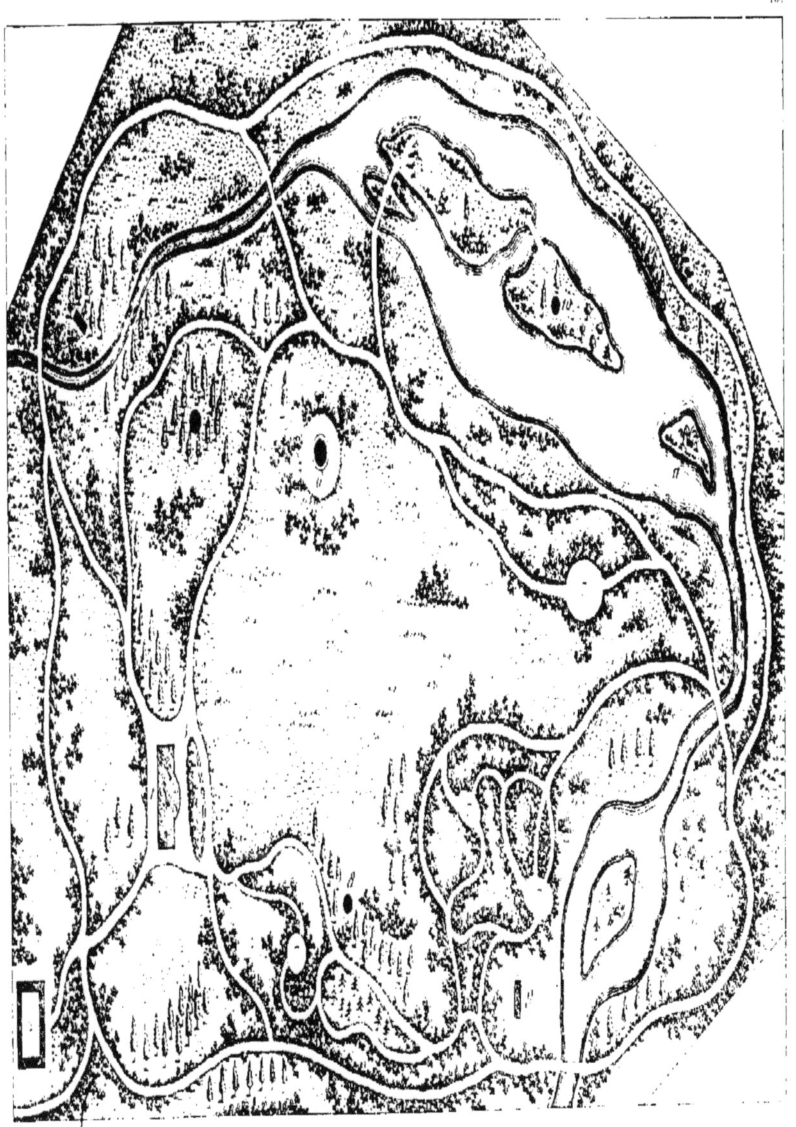

Parc des environs de Bruxelles

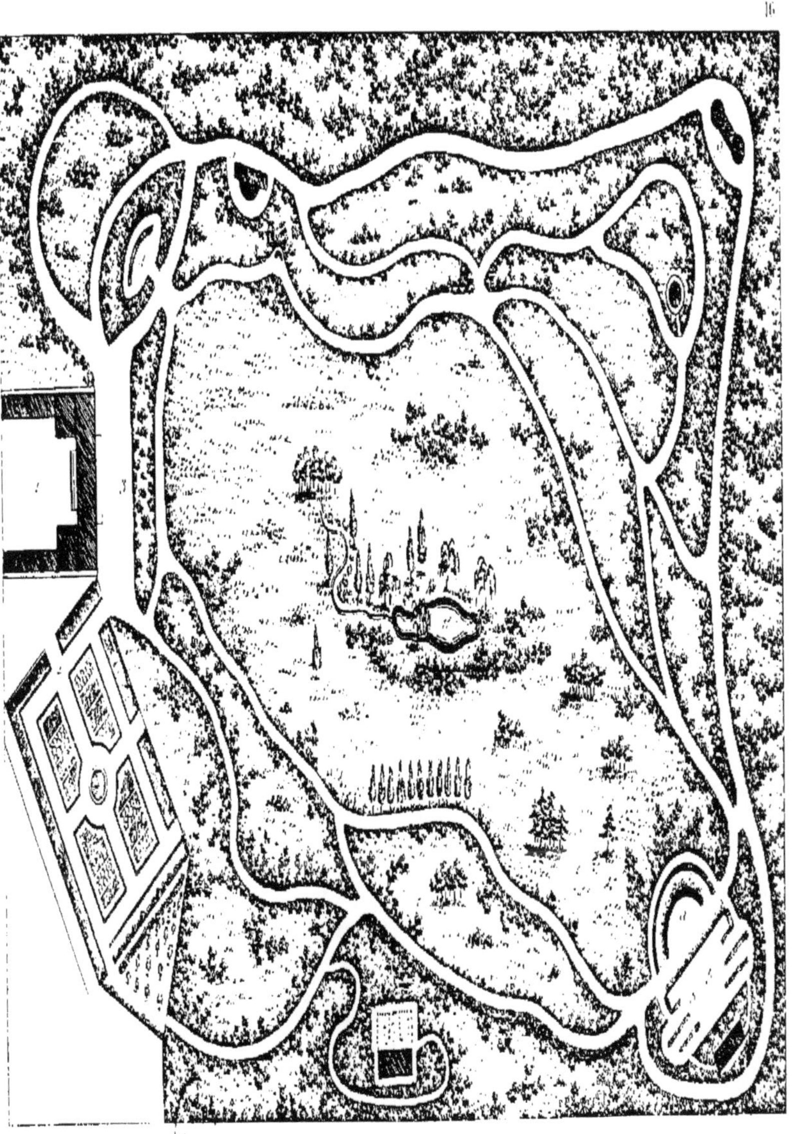

Parc des environs [illegible]

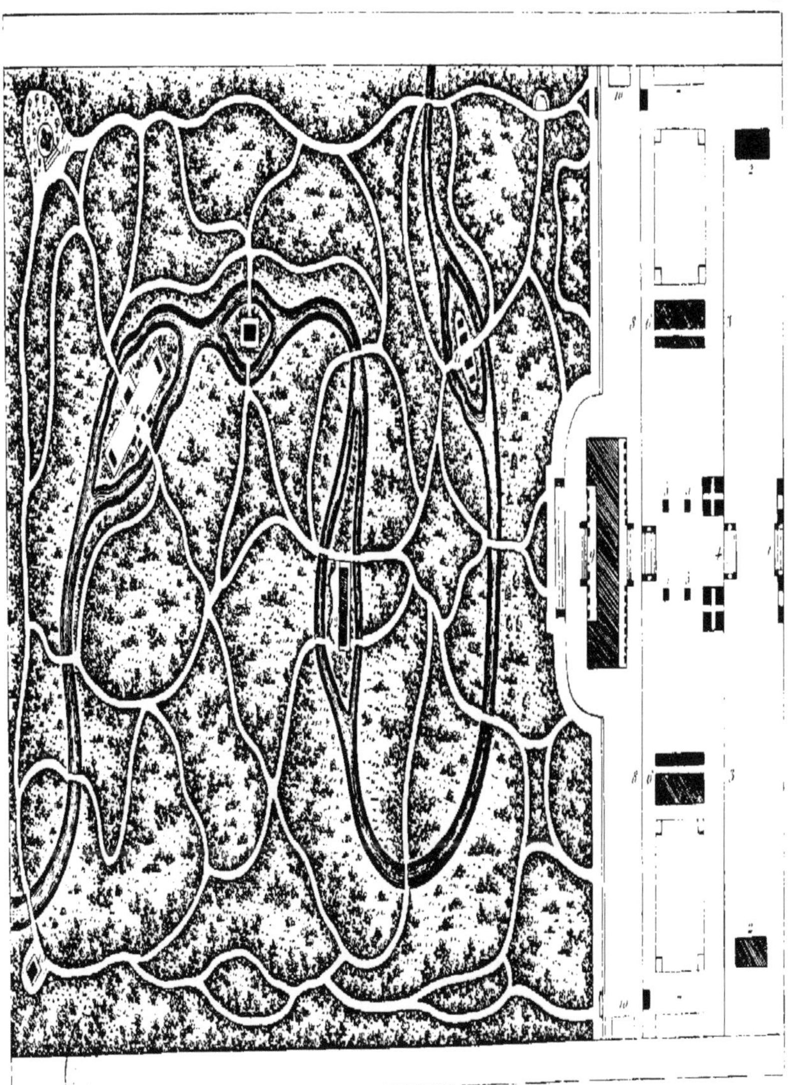

Jardin chinois des environs de Pekin.

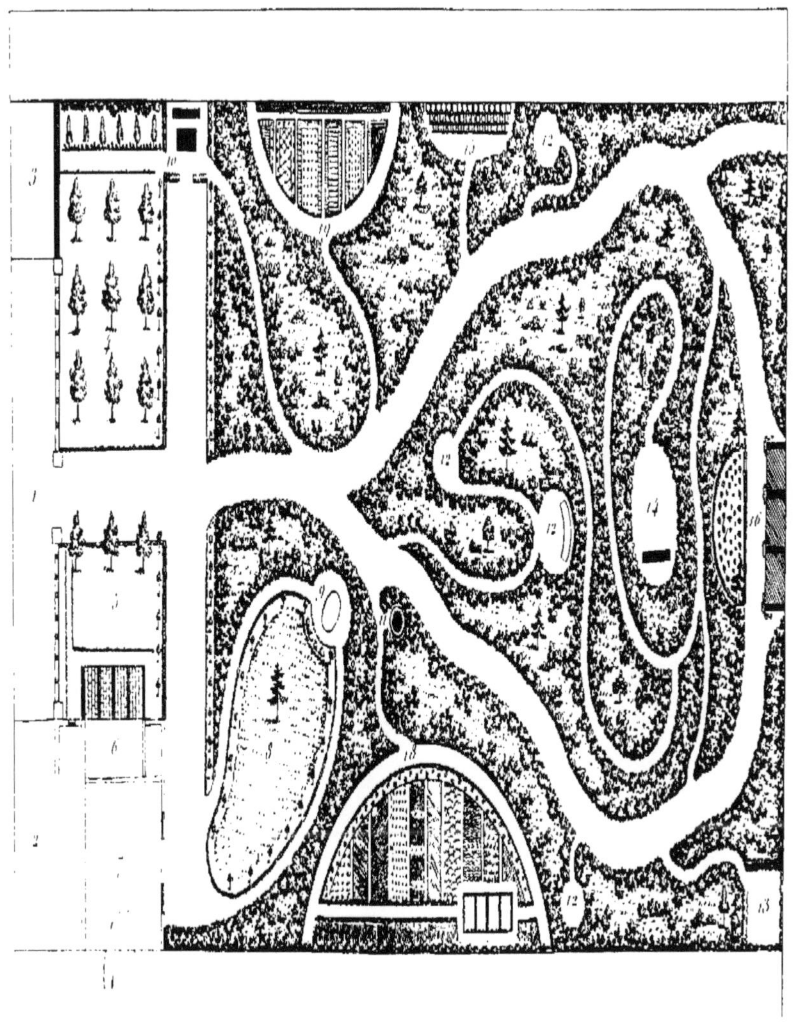

Bosquet accompagnant une maison bourgeoise.

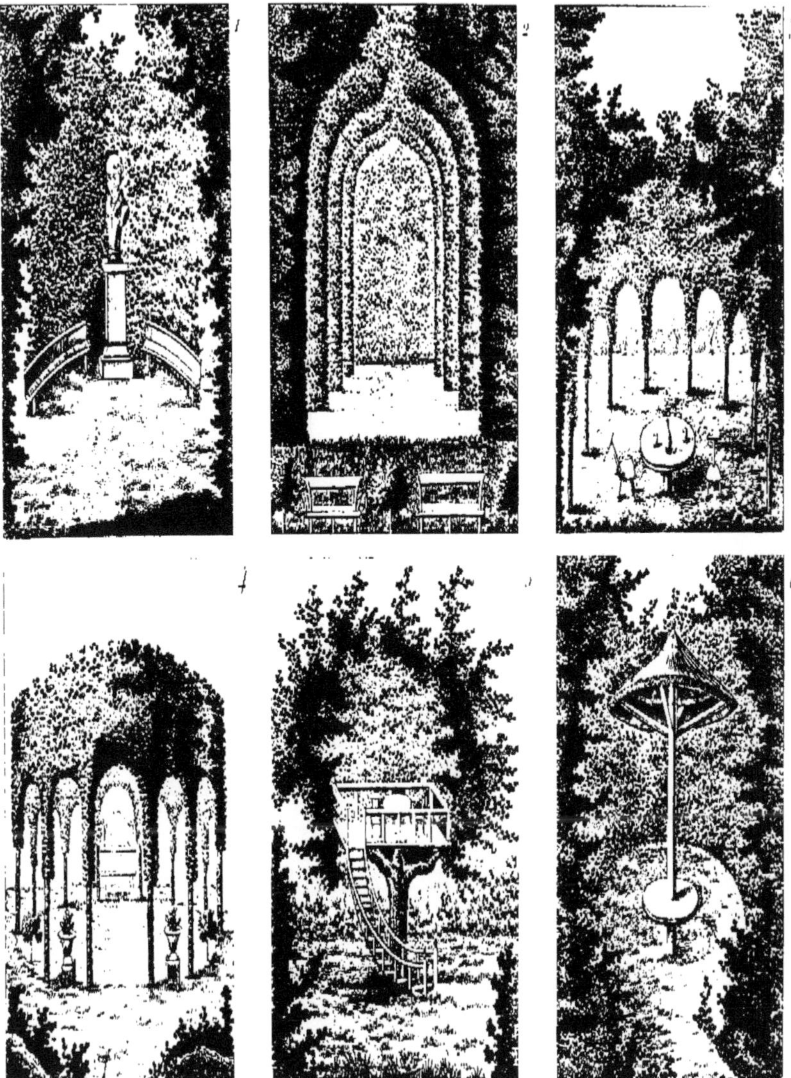

Berceaux de verdure.

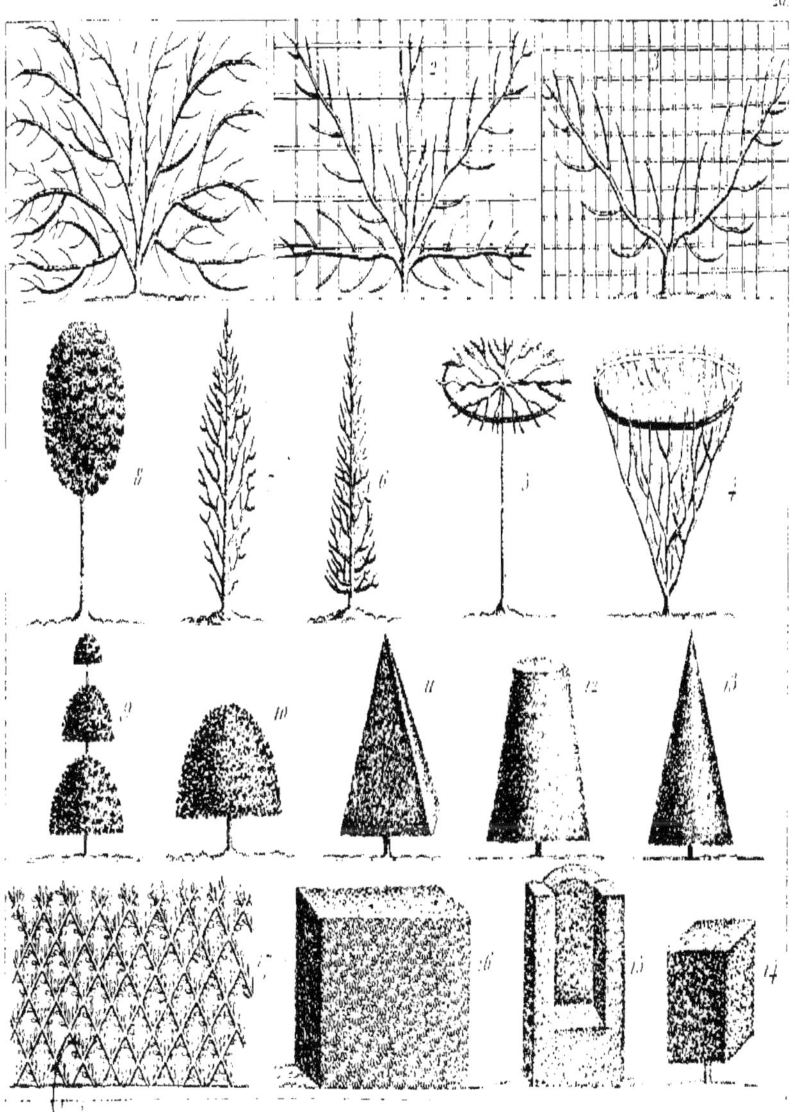

Taille des arbres

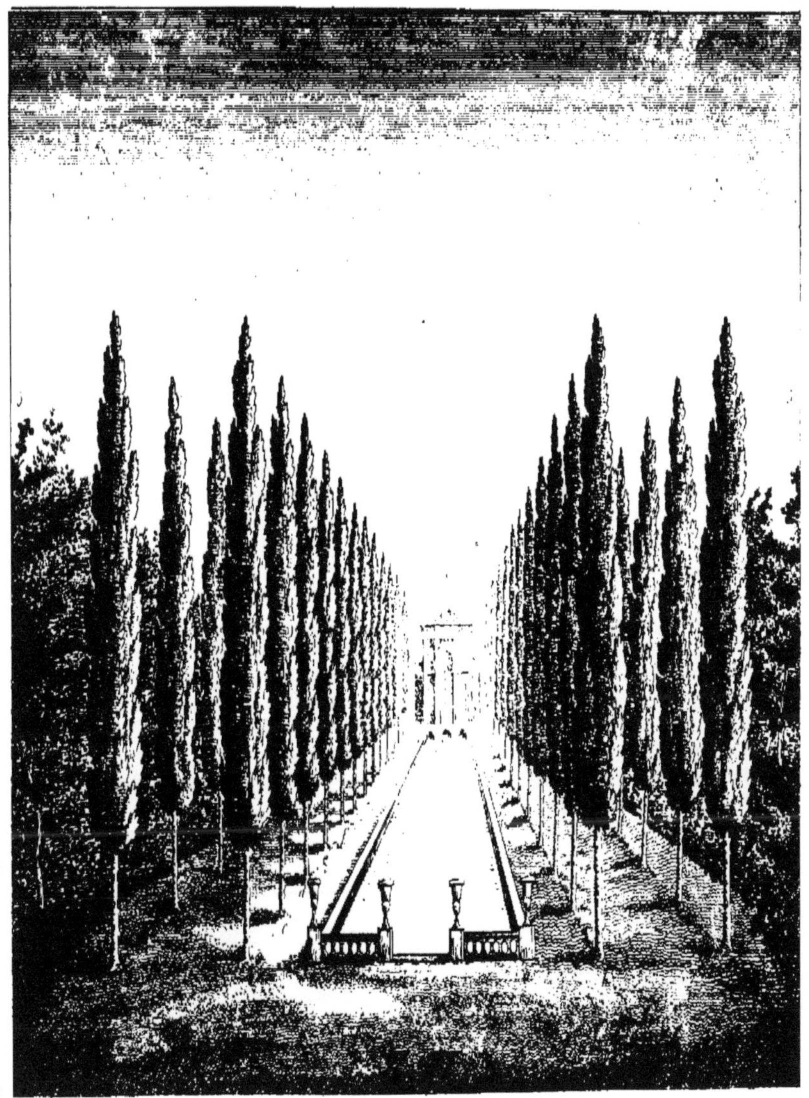

Perspective artificielle

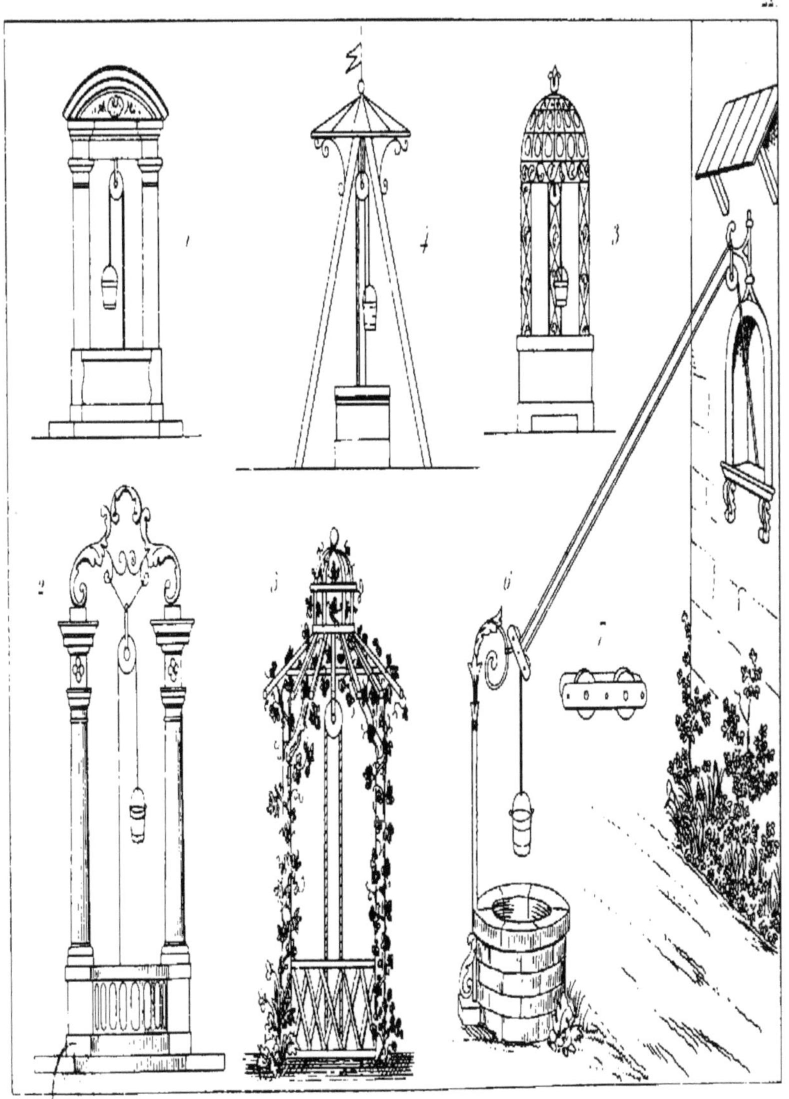

Puits ornés

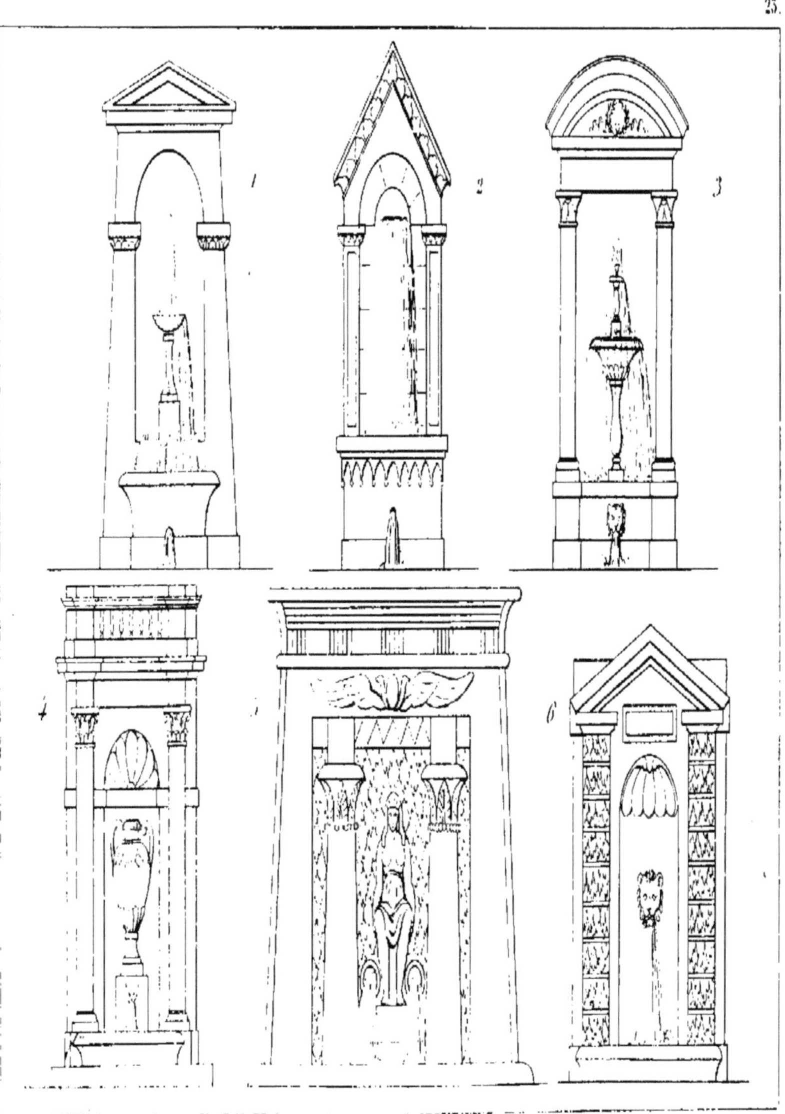

Fontaines d'architecture.

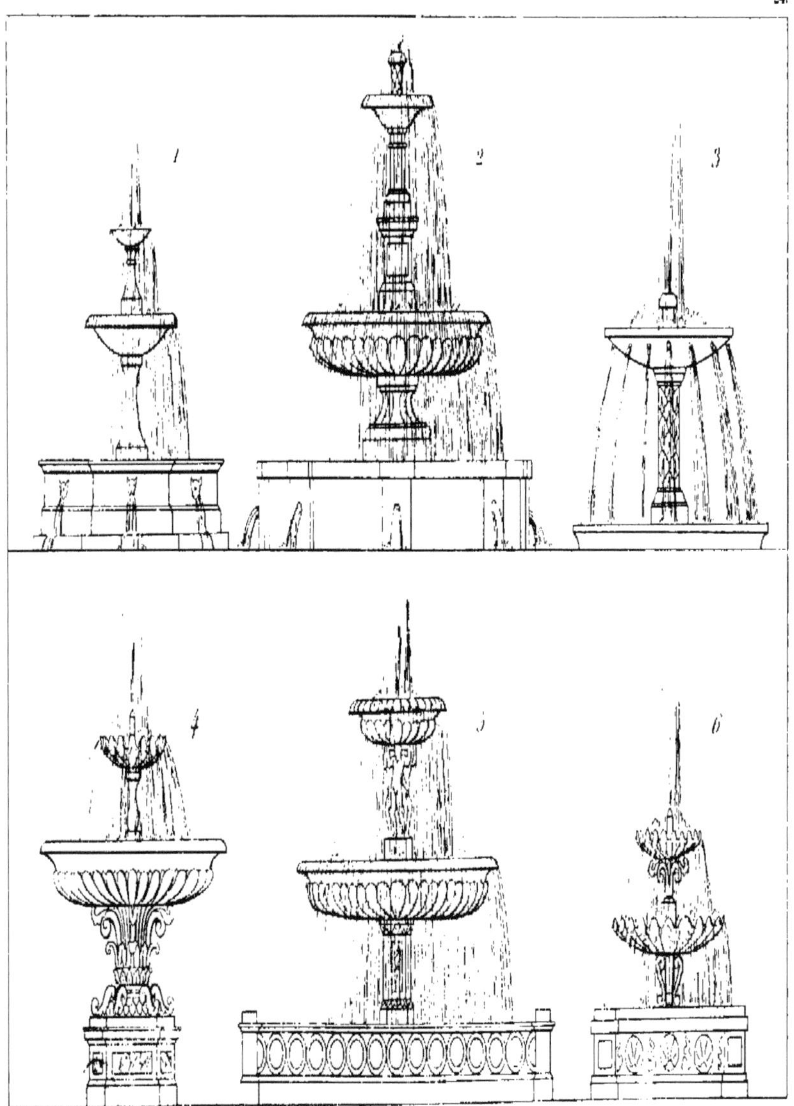

Vasques.

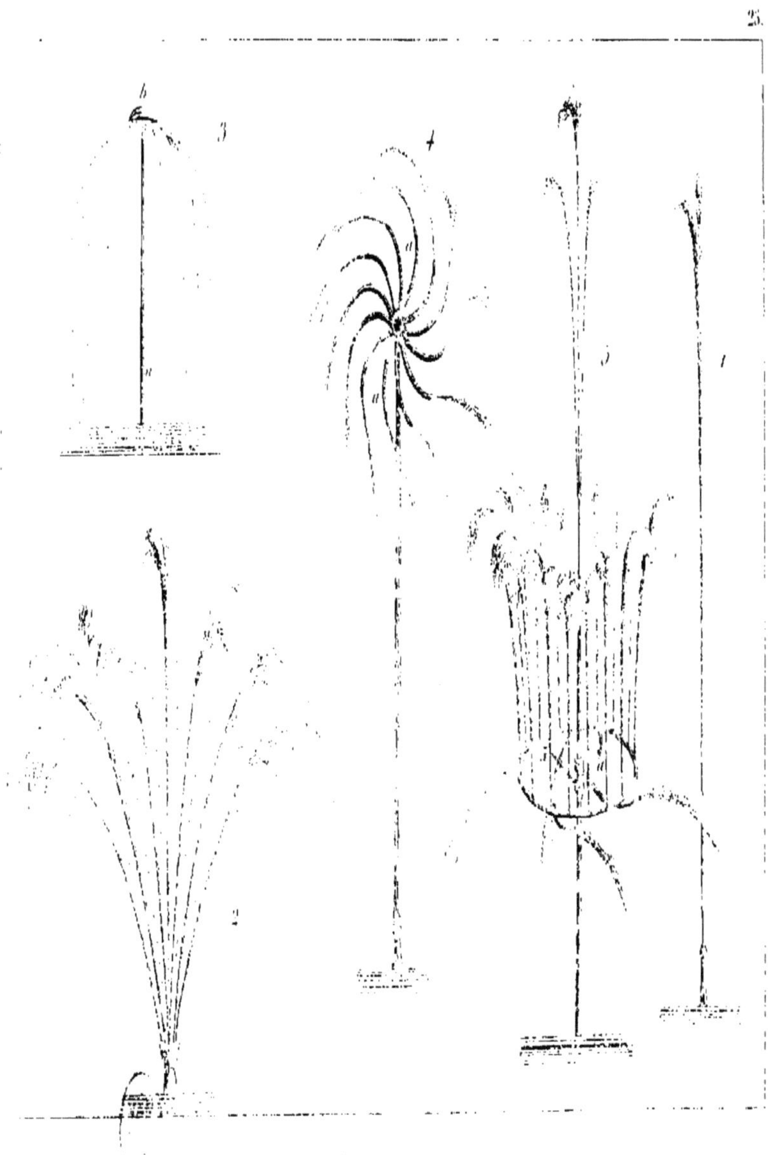

Jeux d'eau.

26.

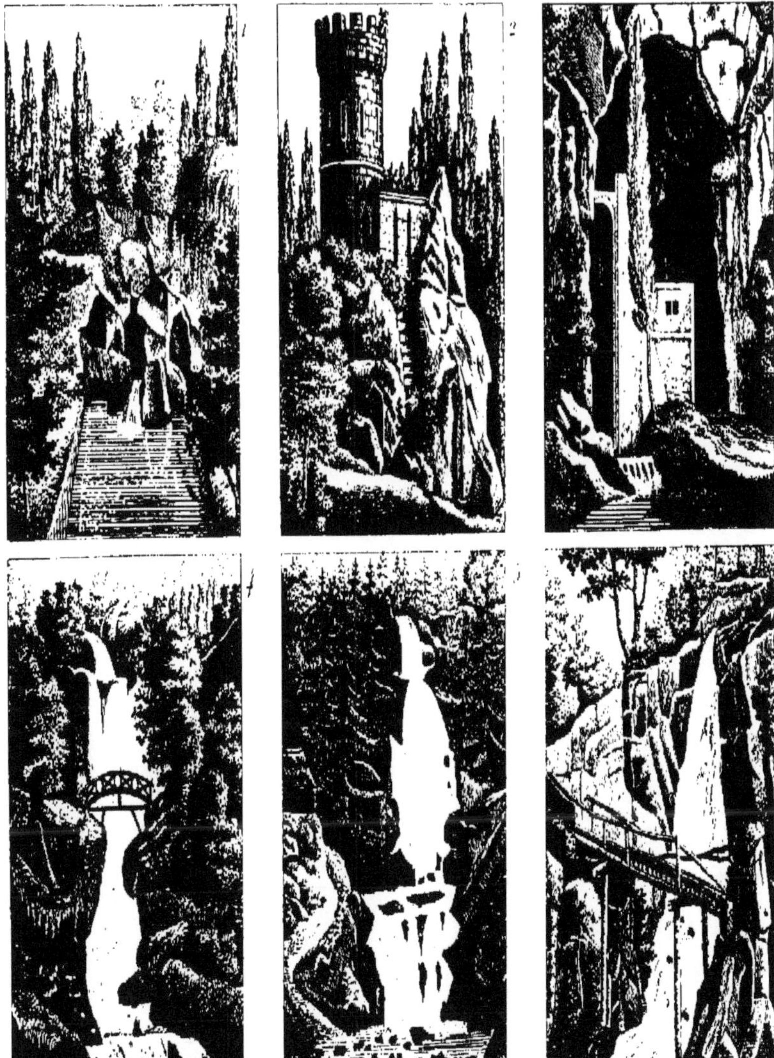

Grottes et cascades.

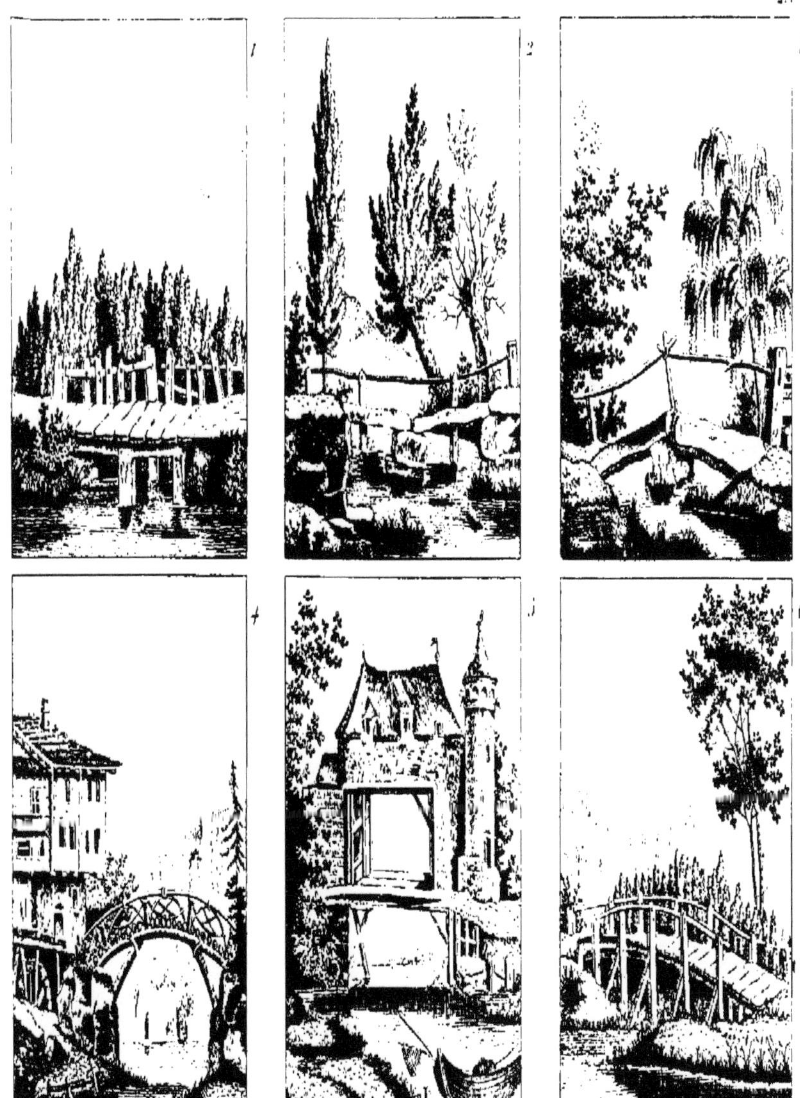

Passerelles et ponts.

28.

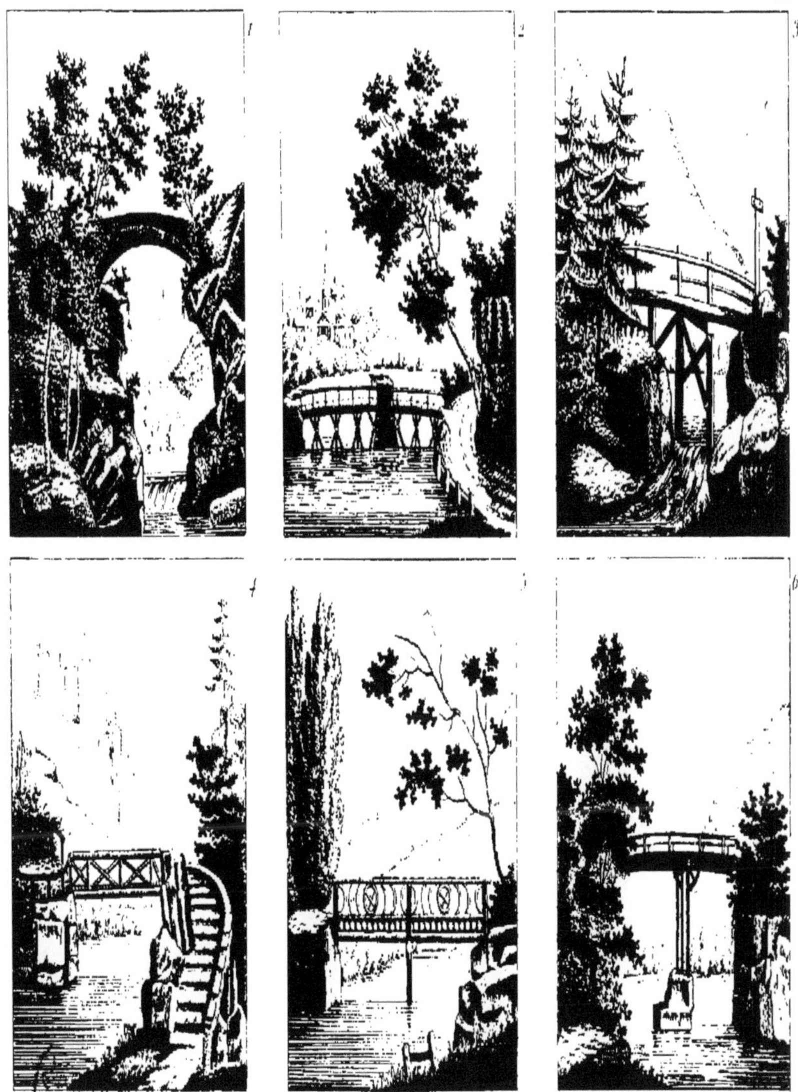

Ponts pittoresques et rustiques

29.

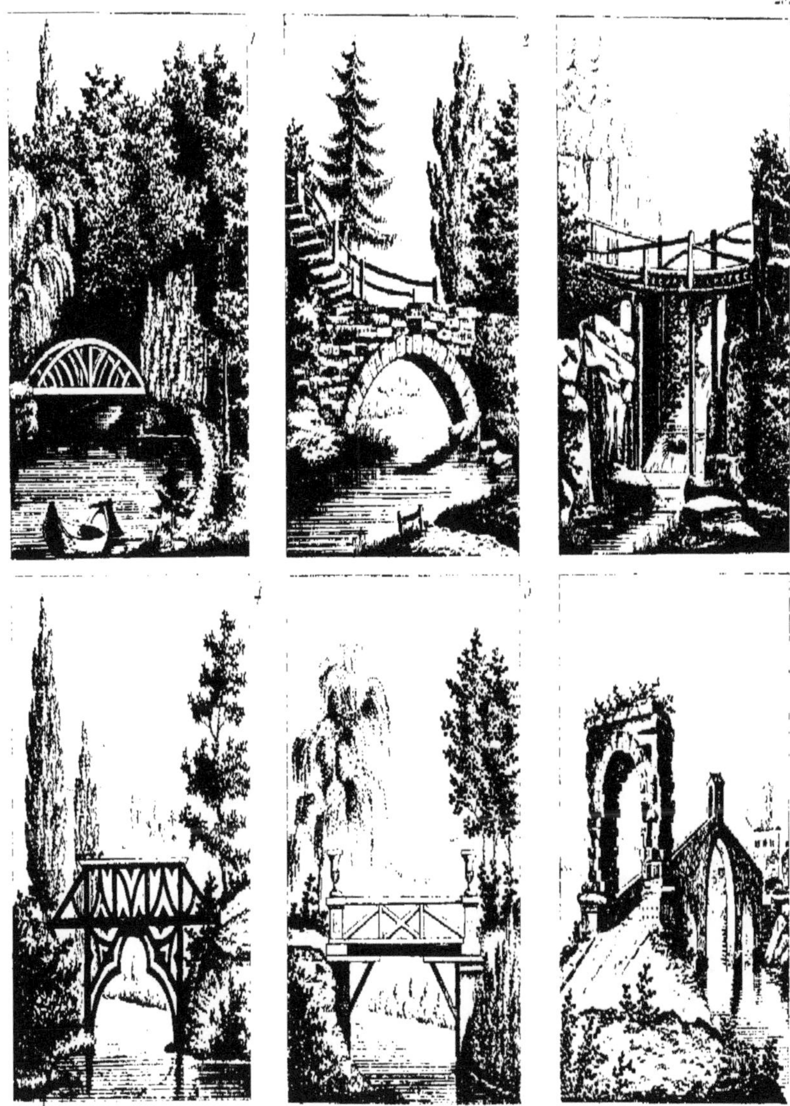

Ponts pittoresques.

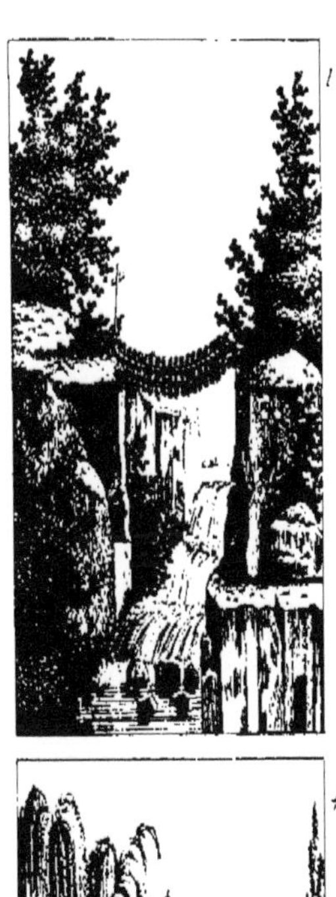

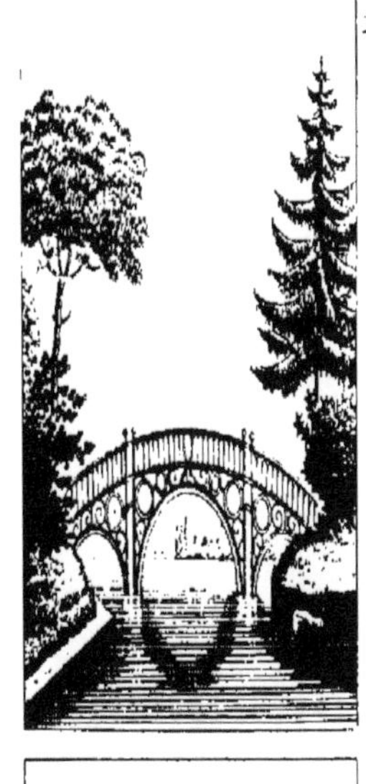

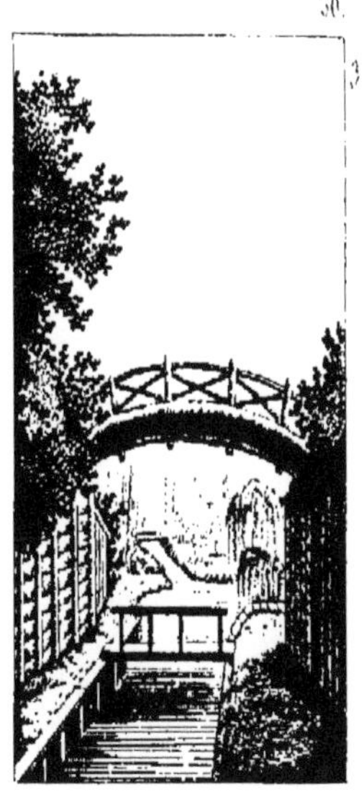

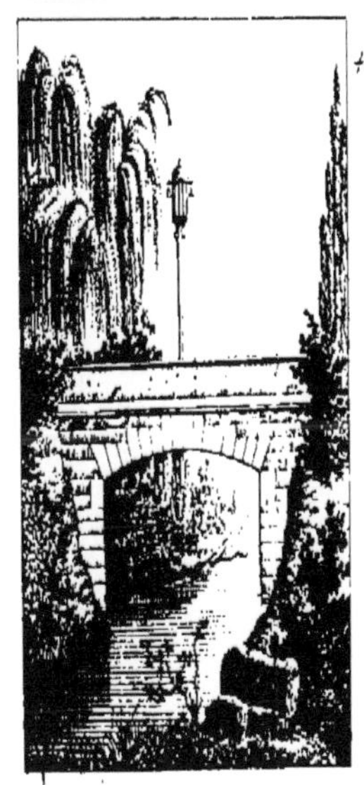

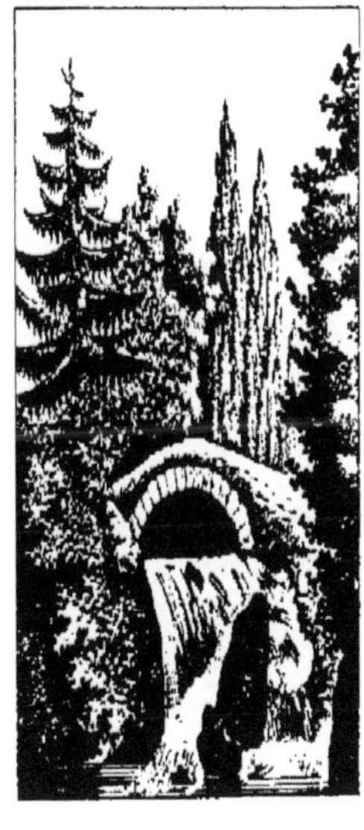

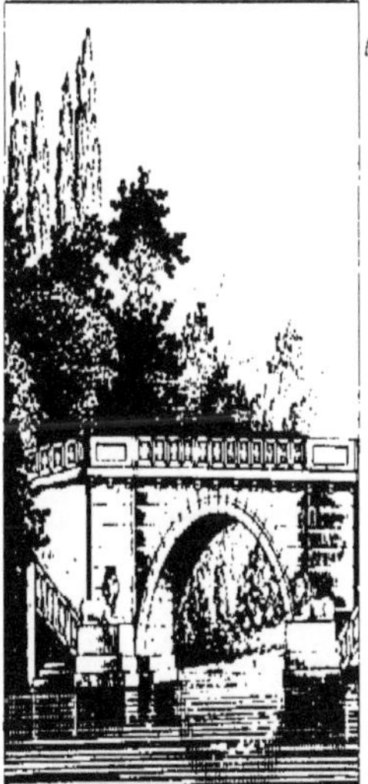

Ponts pittoresques.

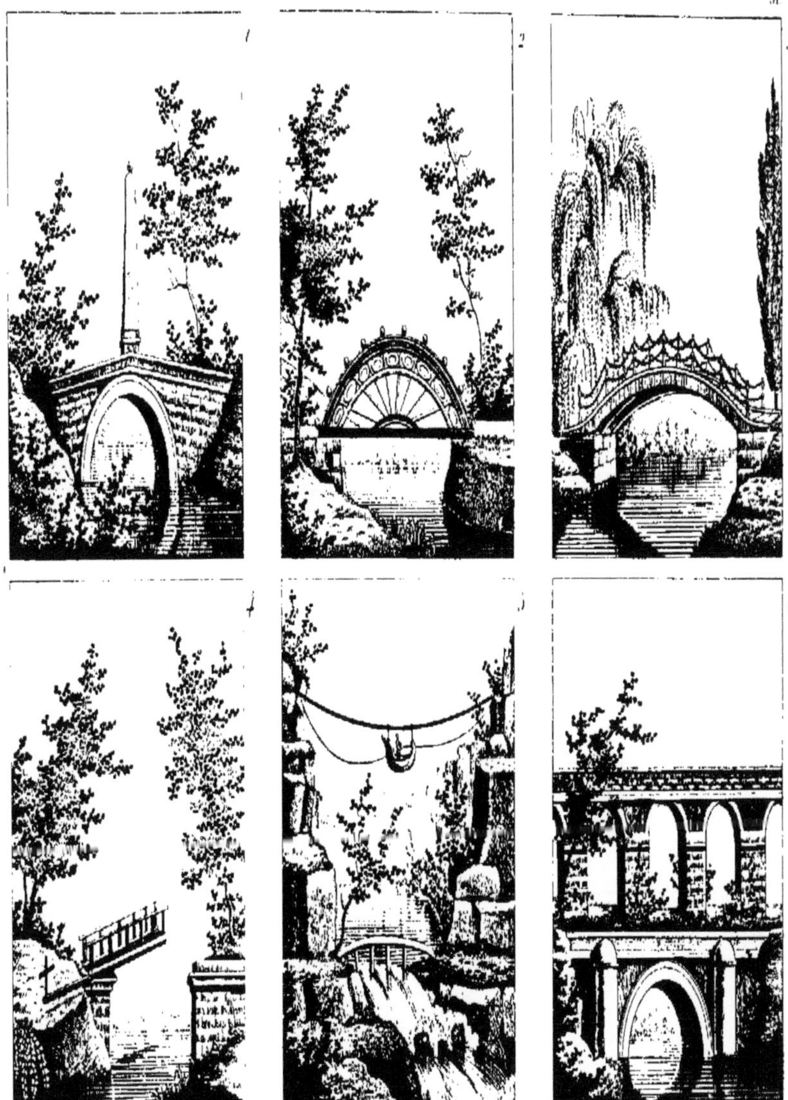

Ponts pittoresques.

1

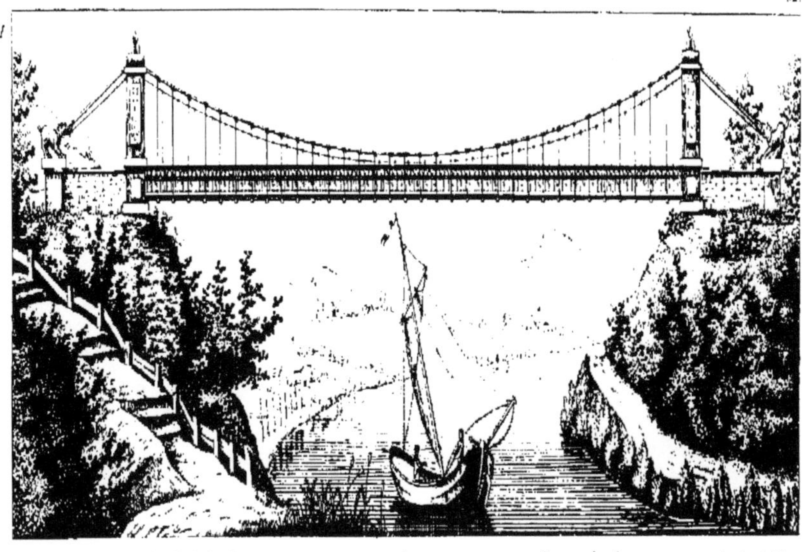

2

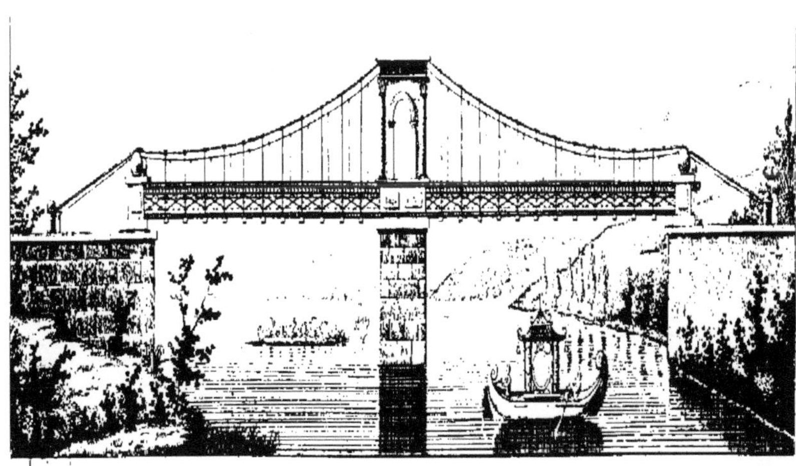

Ponts de fil de fer.

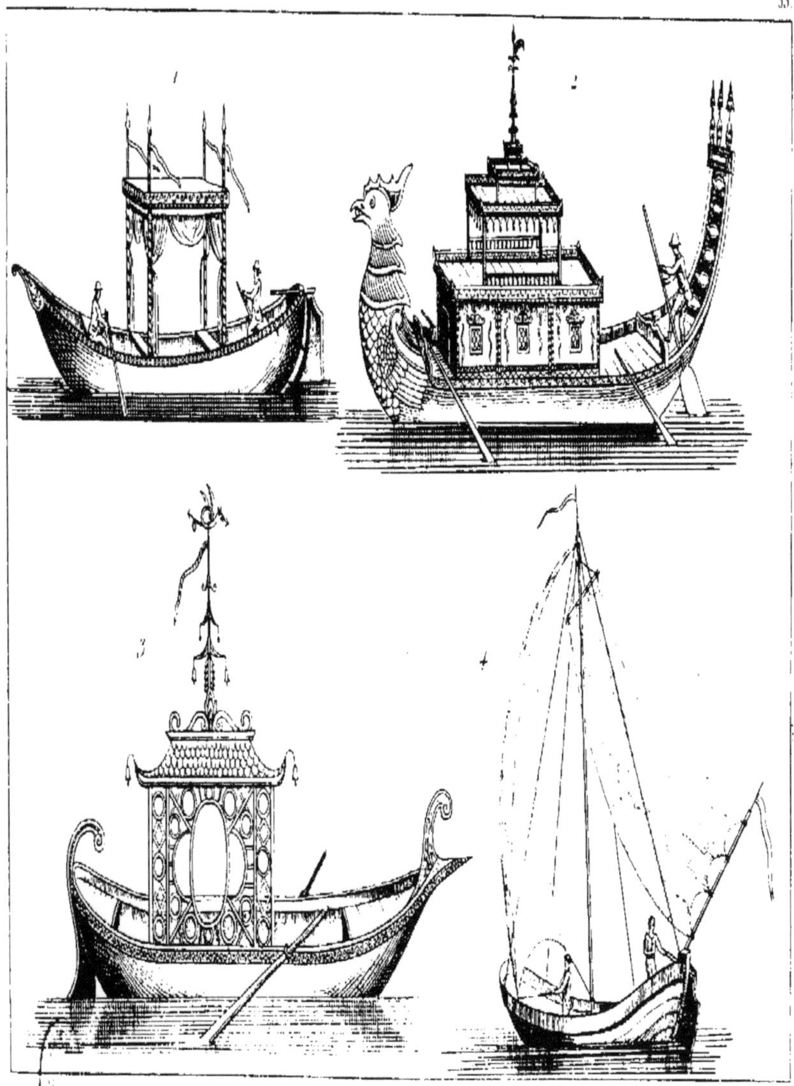

Embarcations.

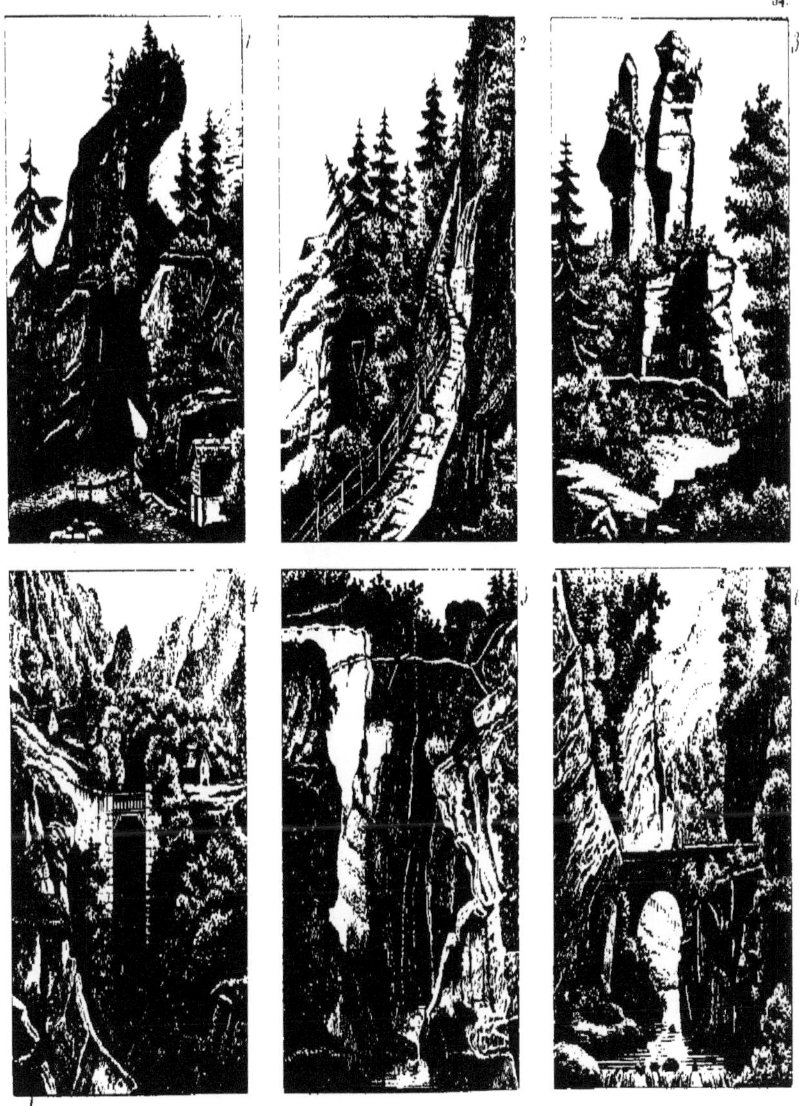

Rochers.

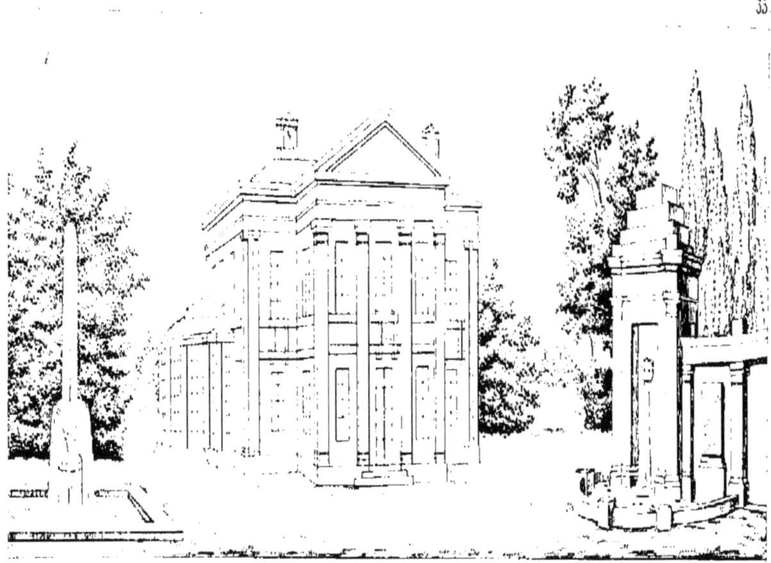

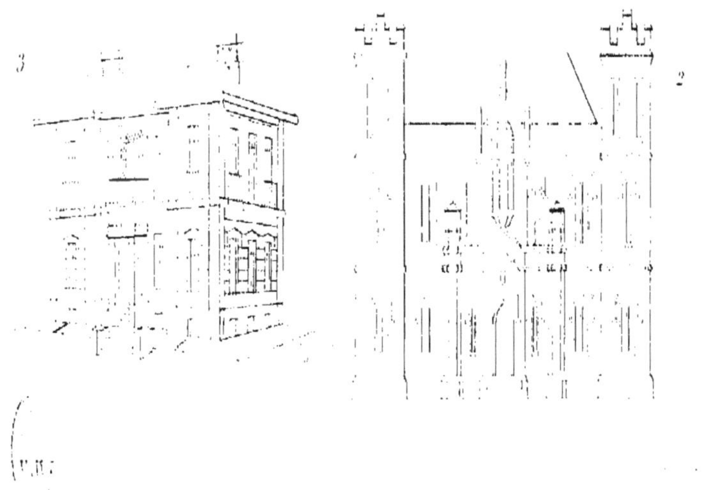

Châteaux.

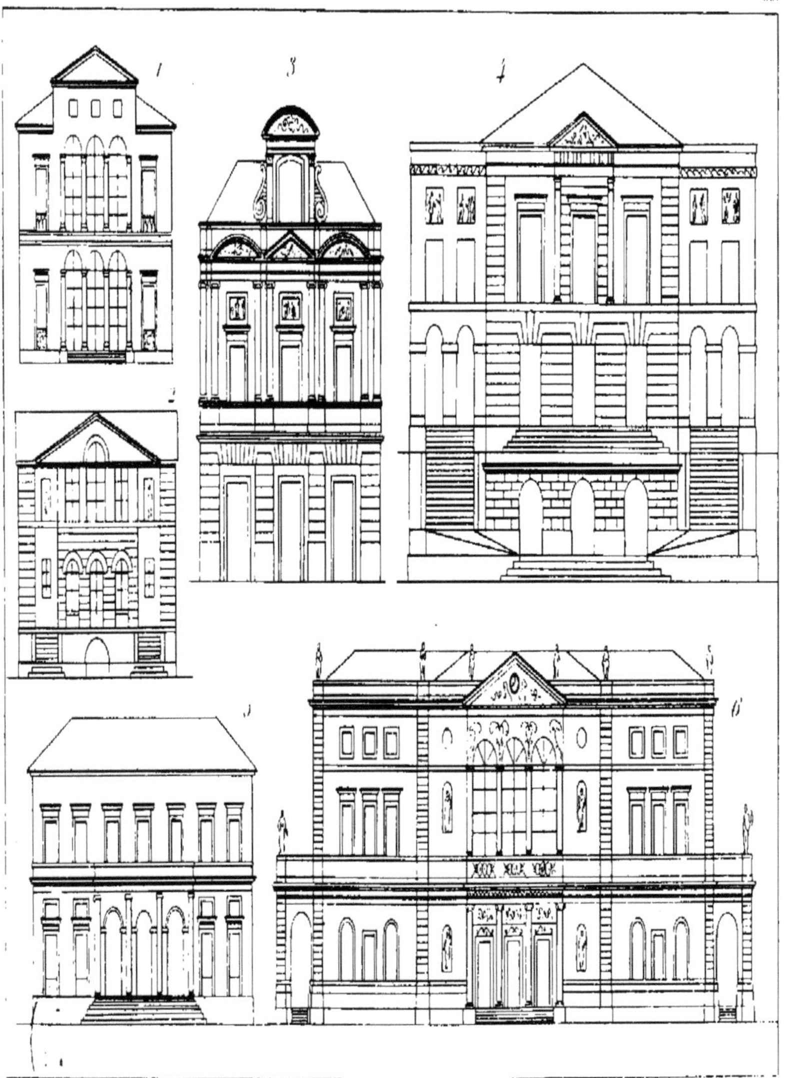

Châteaux et maisons.

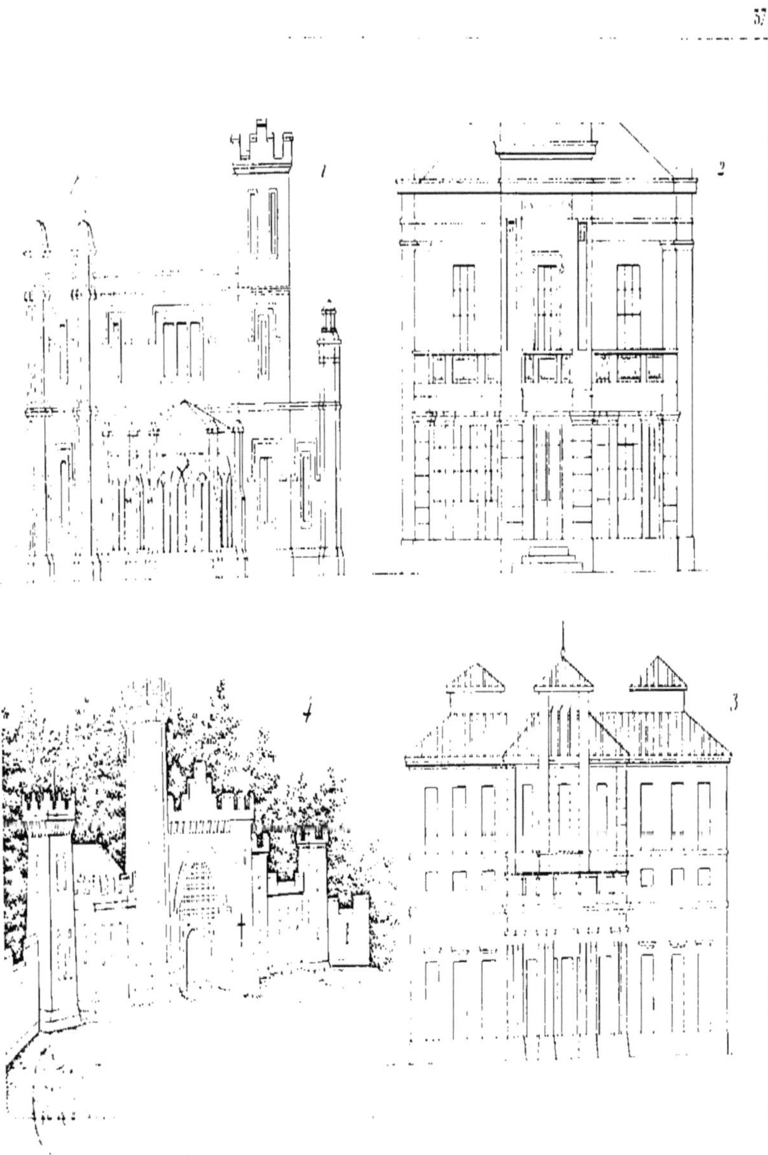

Châteaux.

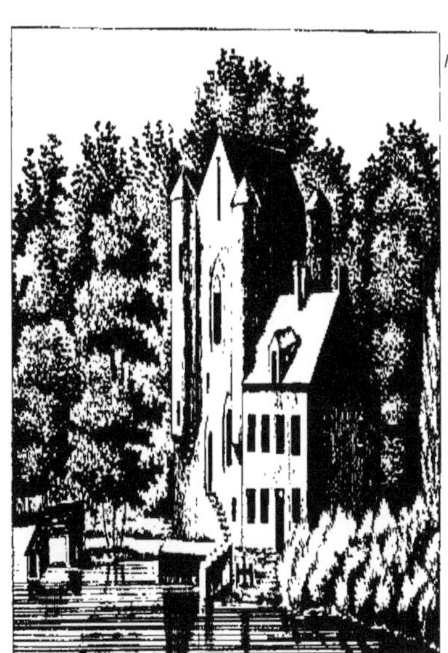

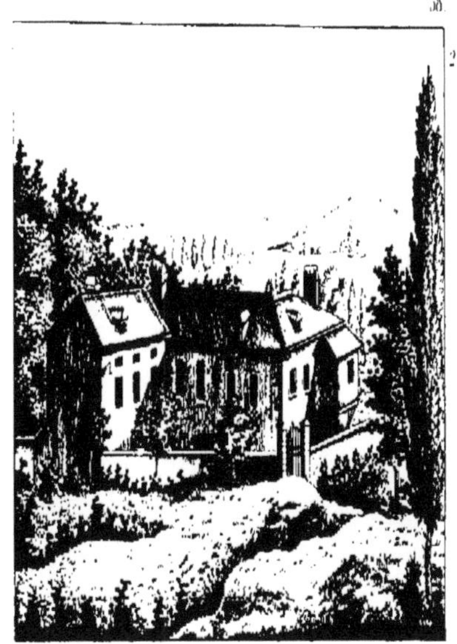

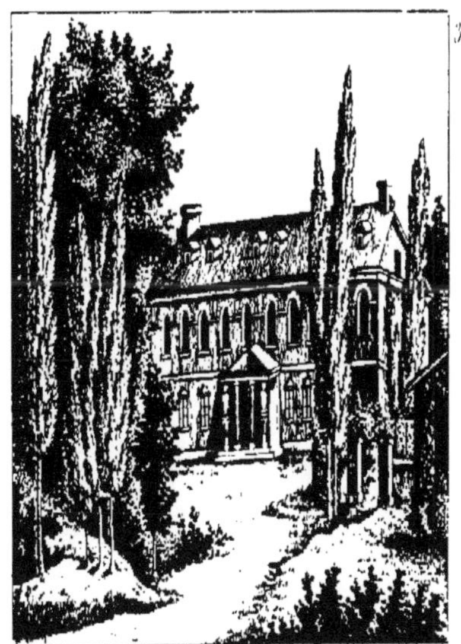

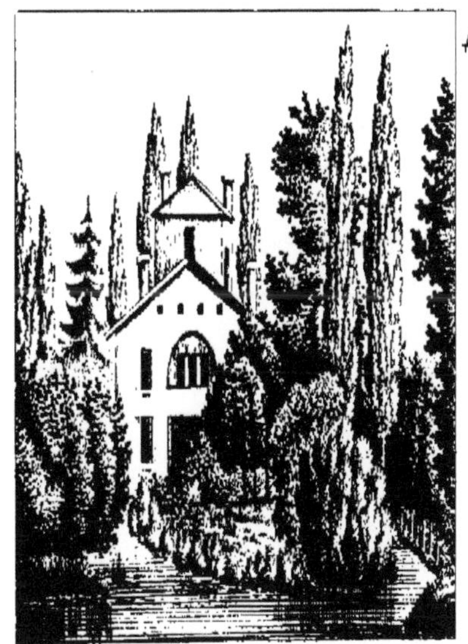

1 Château de Voltaire, à Ferney

2 Maison de J. J. Rousseau, à Montmorency

3 Château de M. de Chateaubriand, à la vallée de Loup.

4 Maison de Bernardin de Saint Pierre, à Essonne.

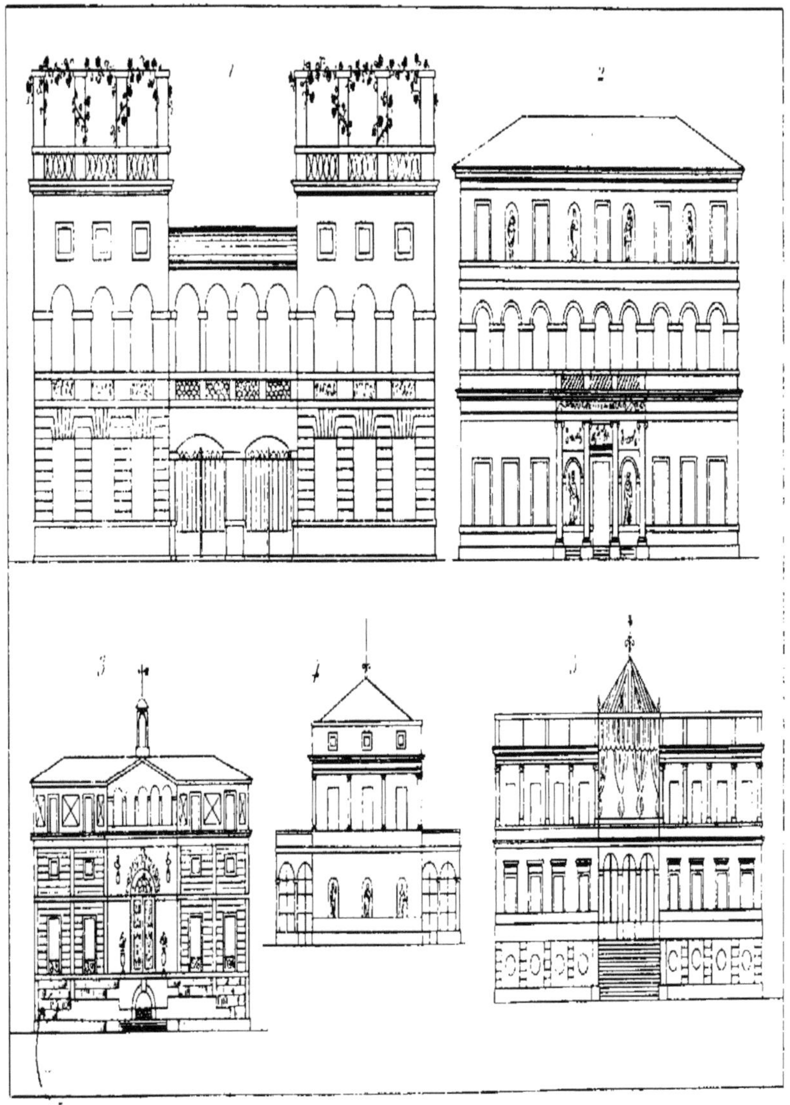

Maisons bourgeoises anglaises.

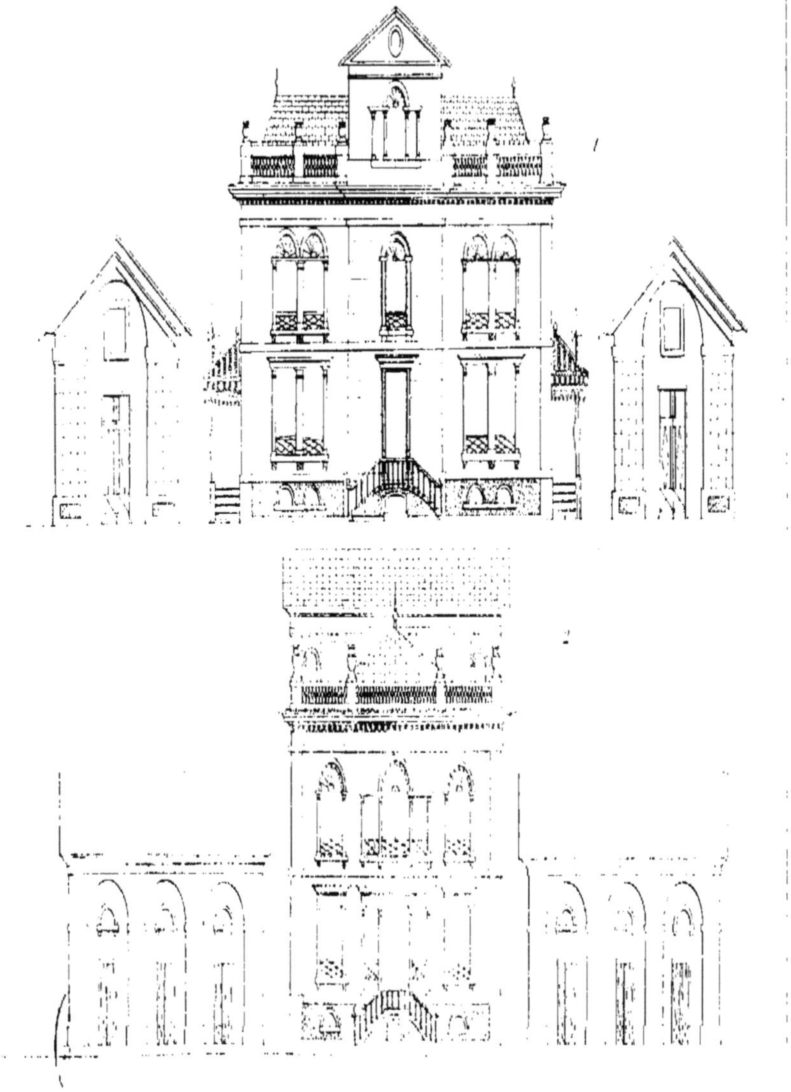

1

2

Maison bourgeoise

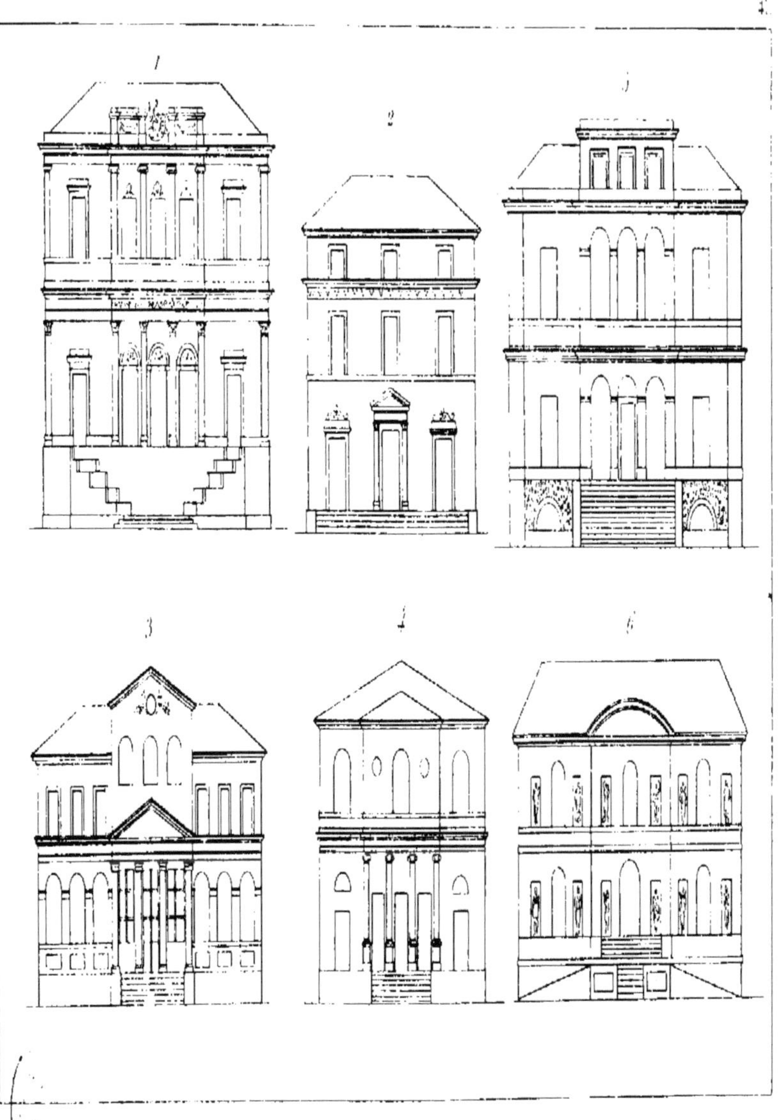

Maisons bourgeoises belges et hollandaises.

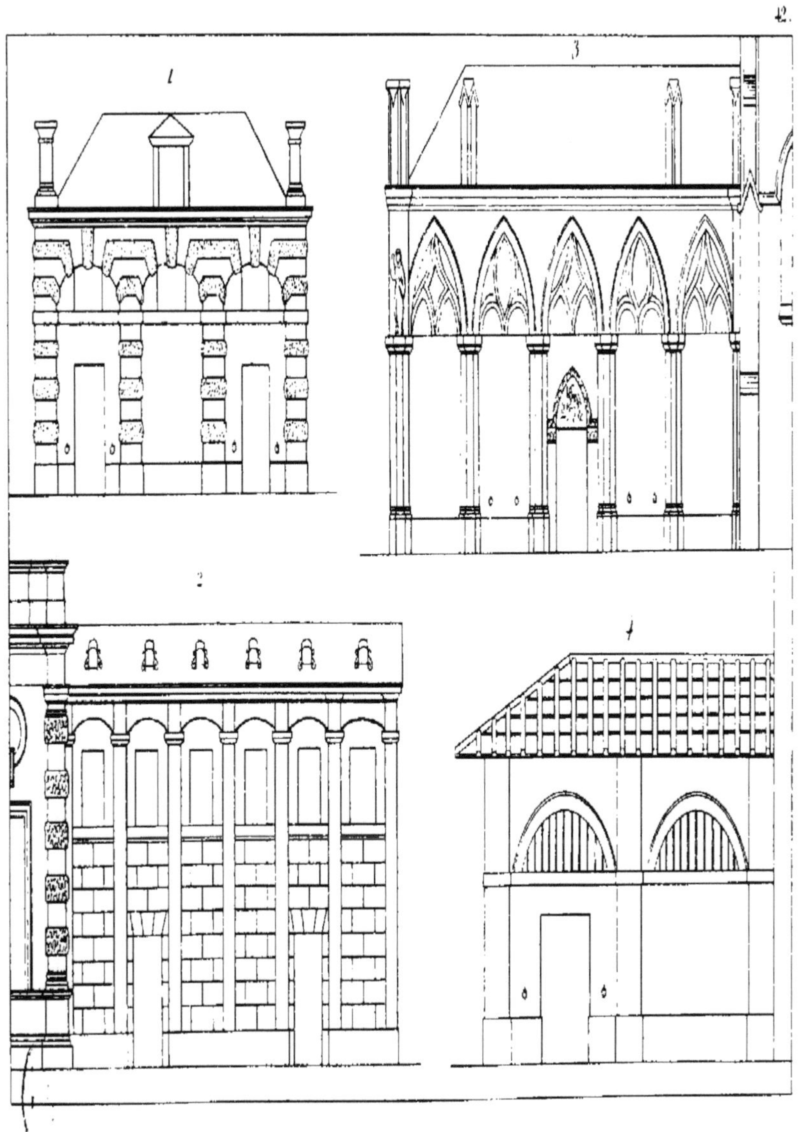

Communs.

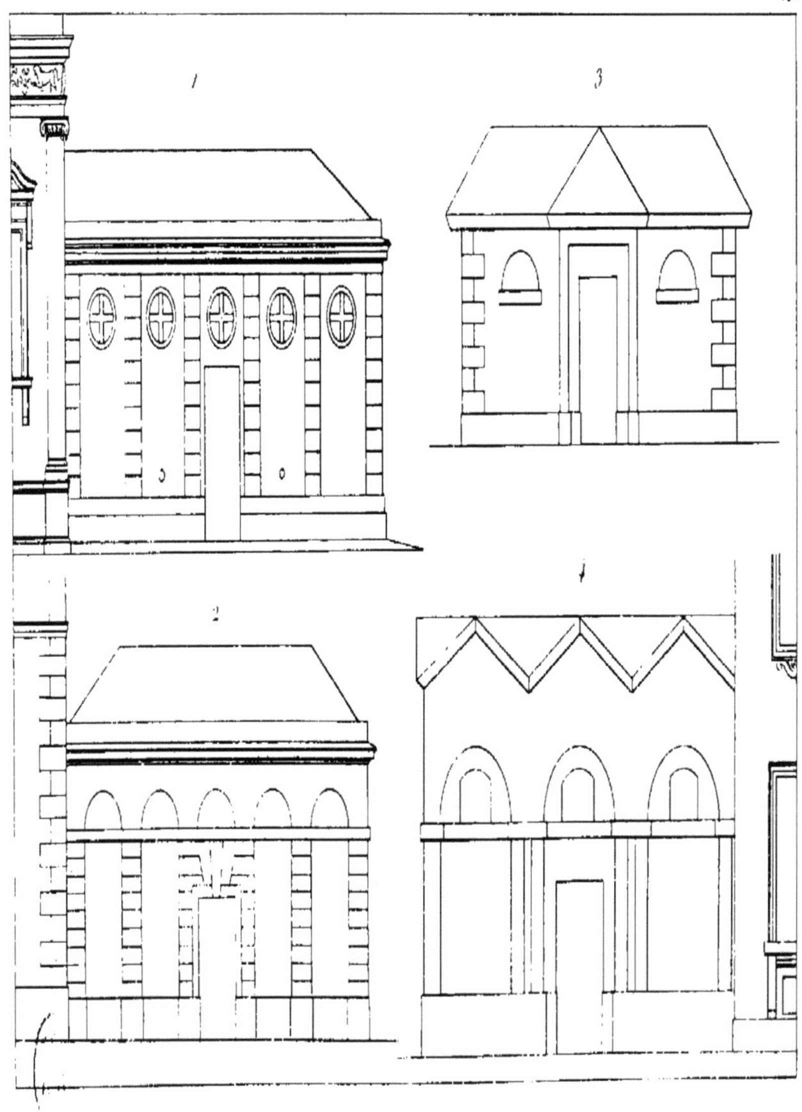

Communs.

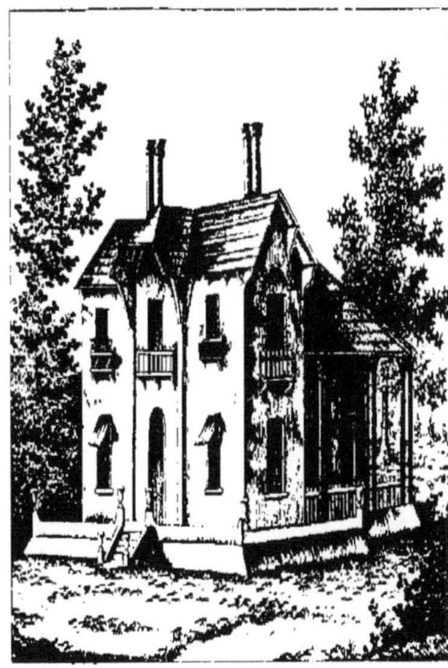
1

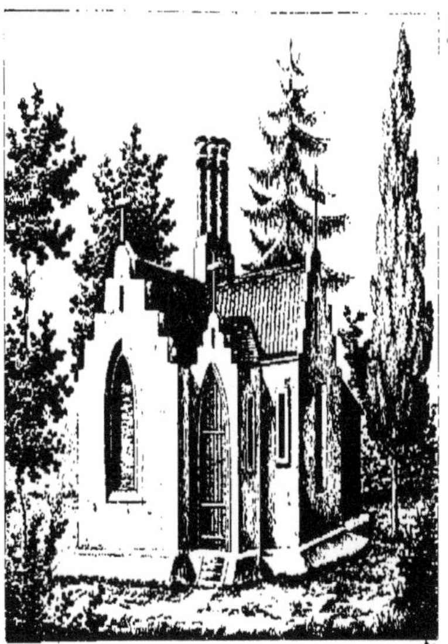
3

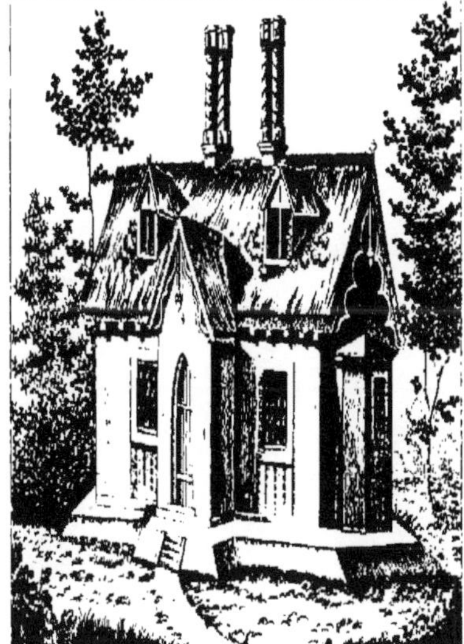
2

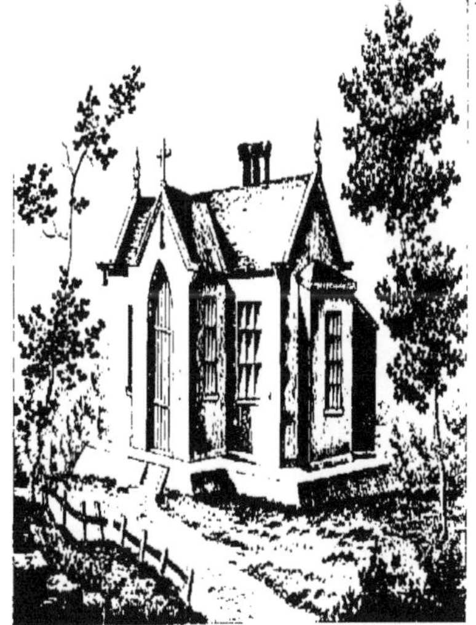
4

Cottages

45.

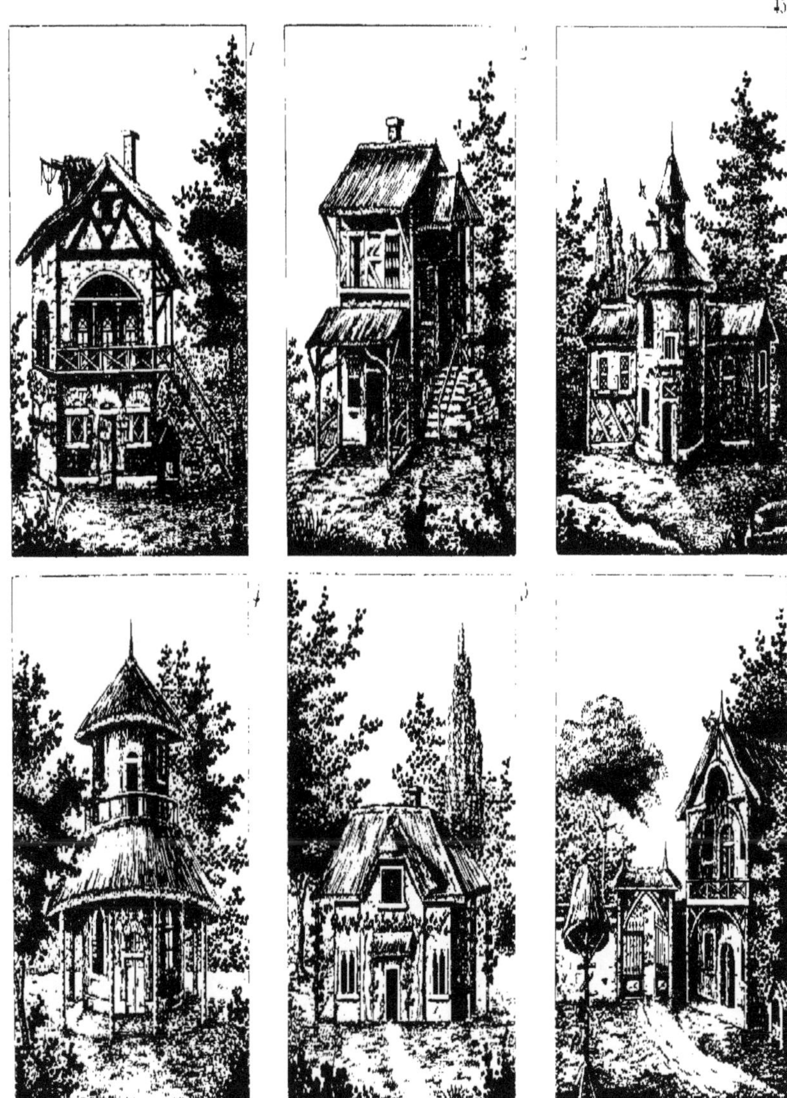

Maisons rustiques.

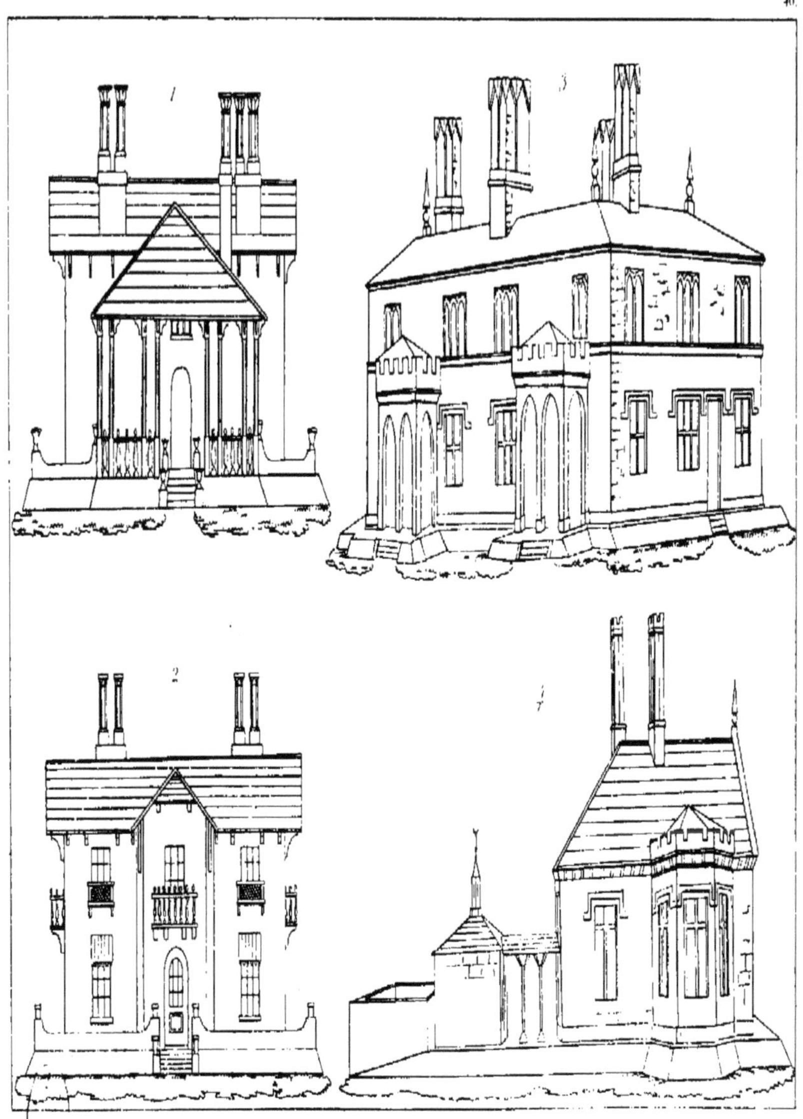

Cottages.

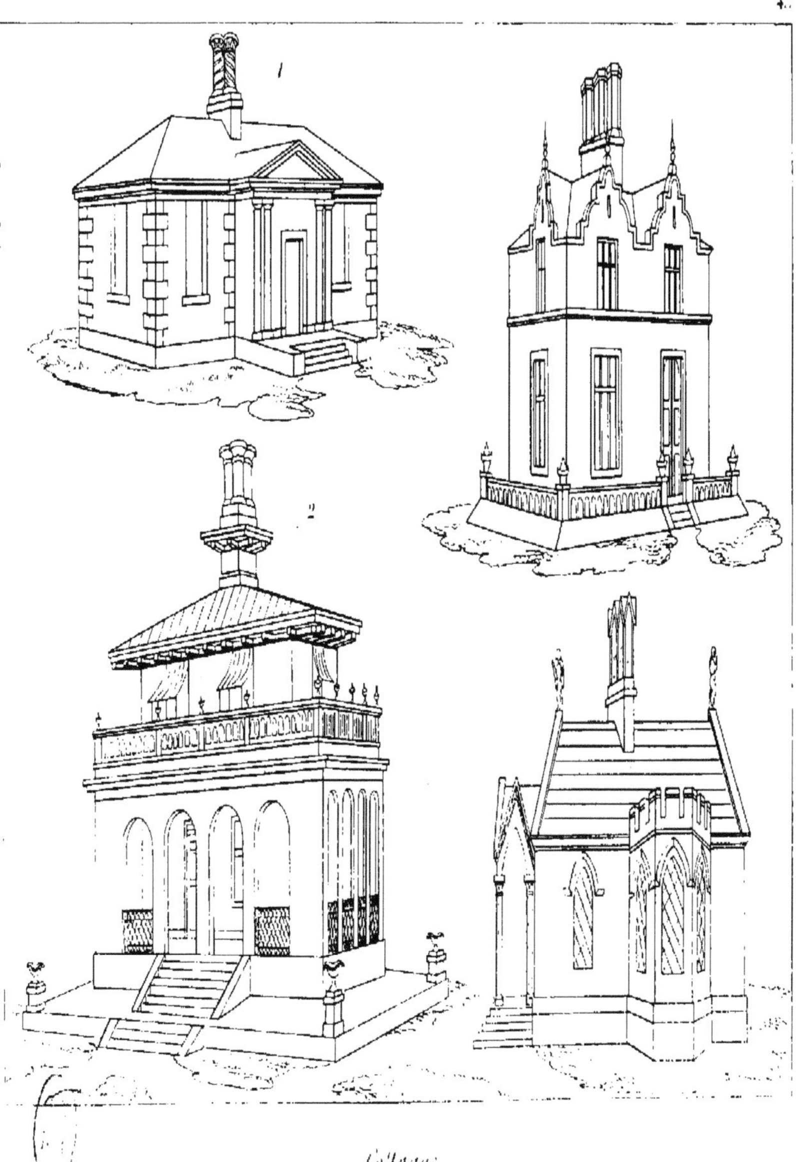

Cottages.

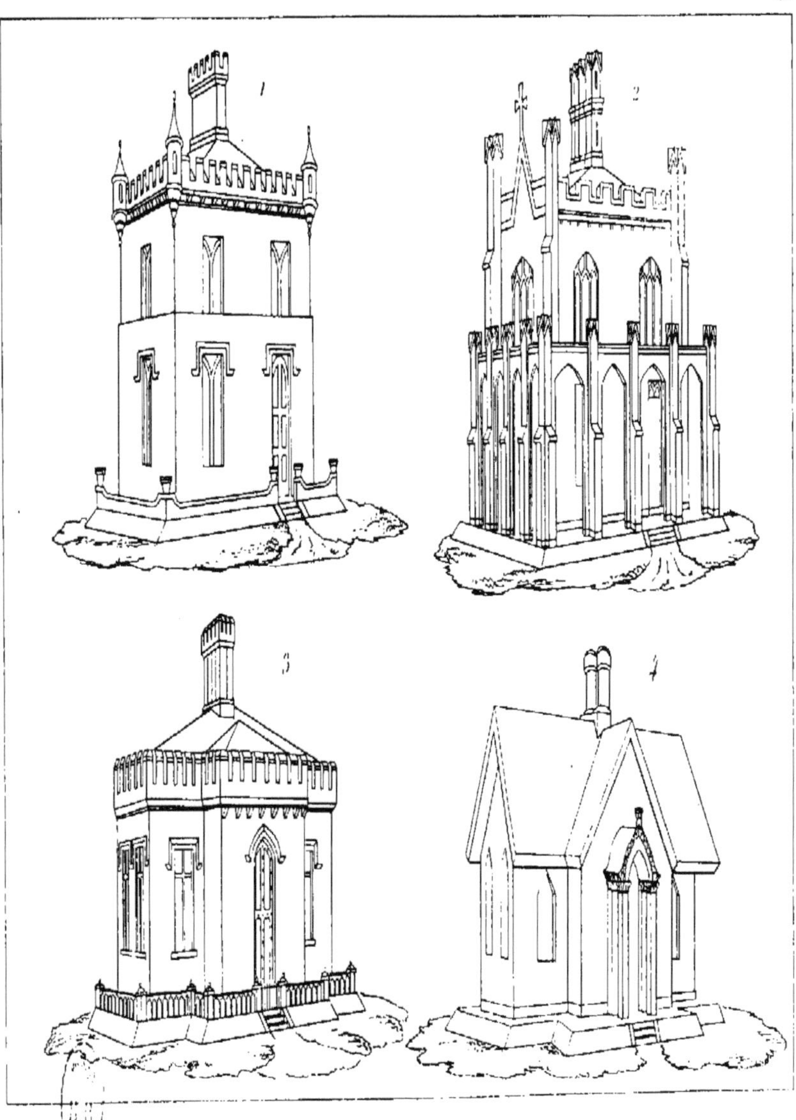

Cottages.

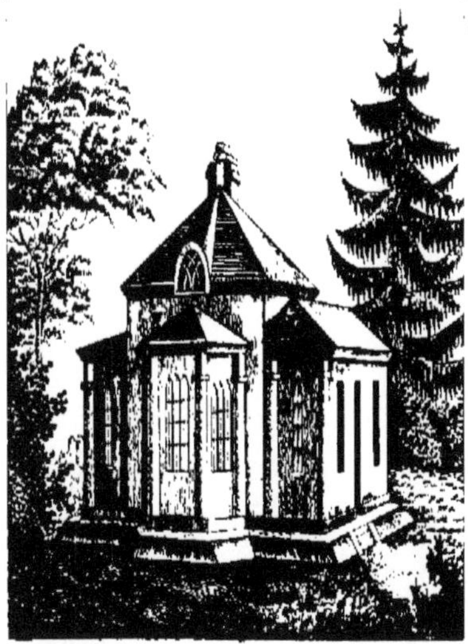

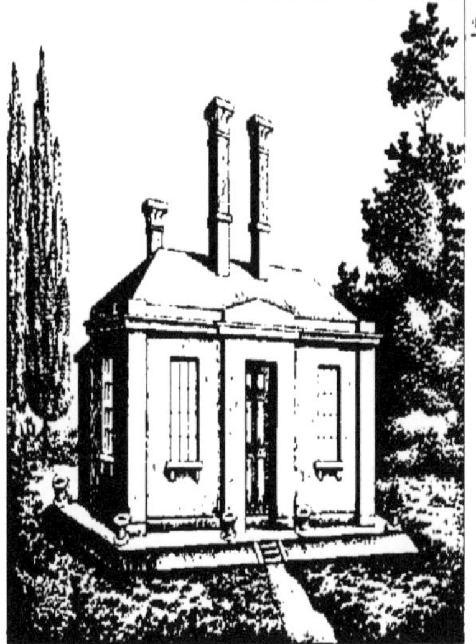

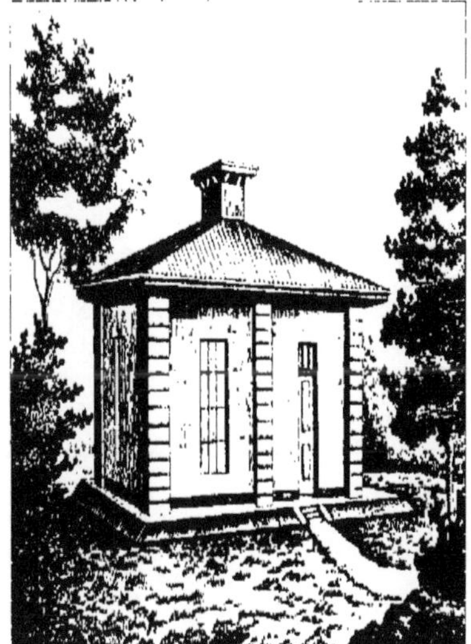

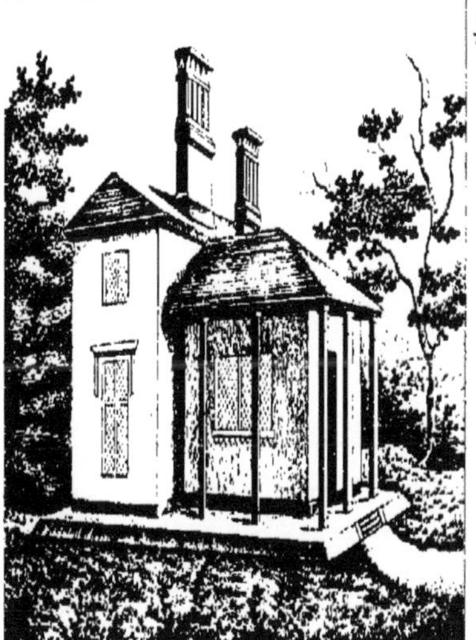

Maisons de concierge.

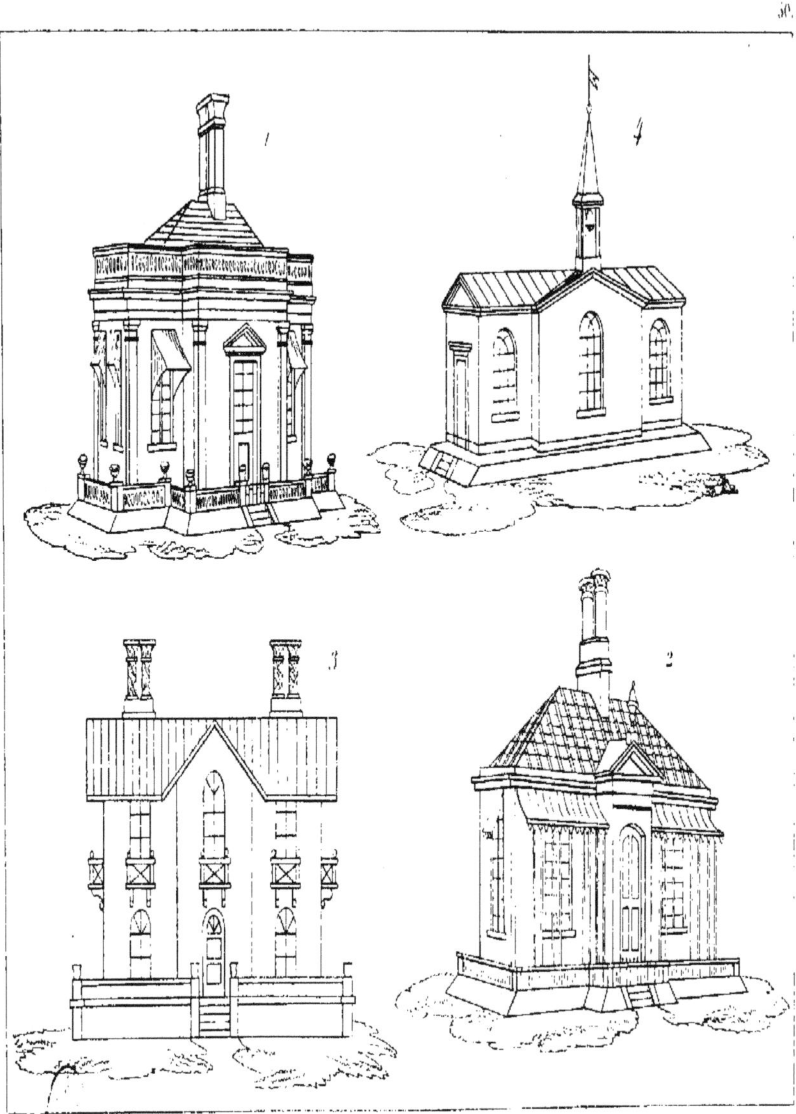

Maisons de Concierge.

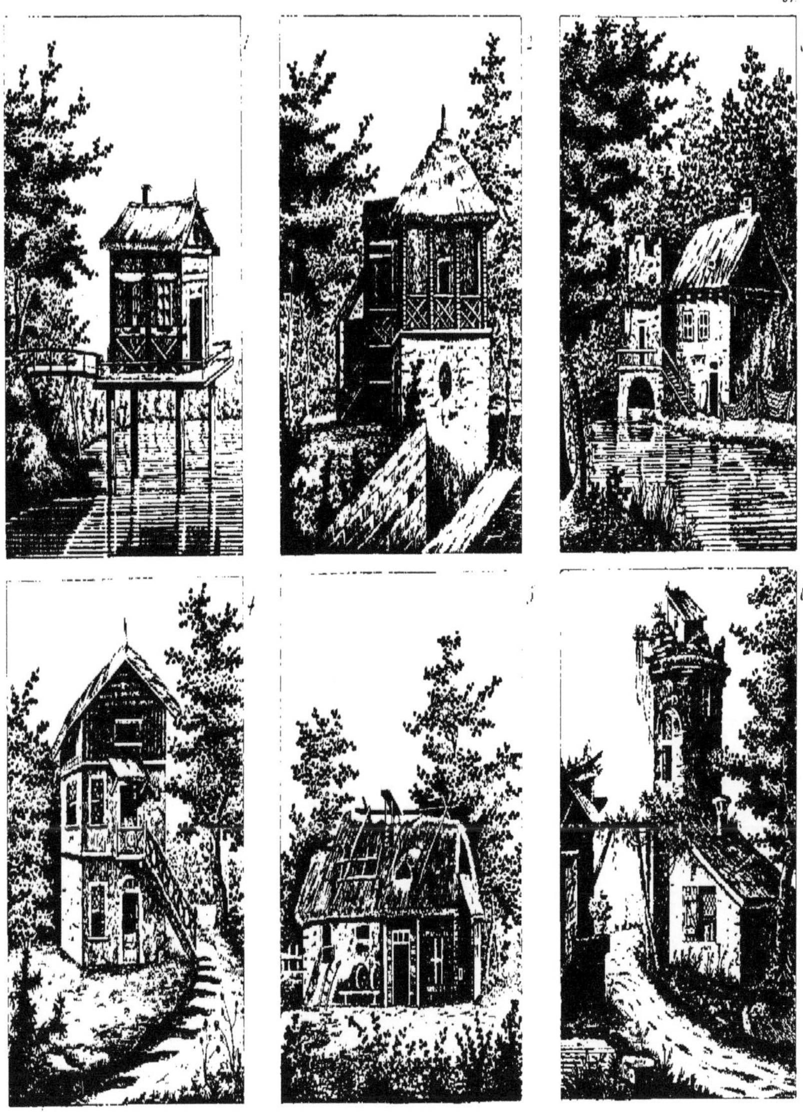

Maisons de gardes.

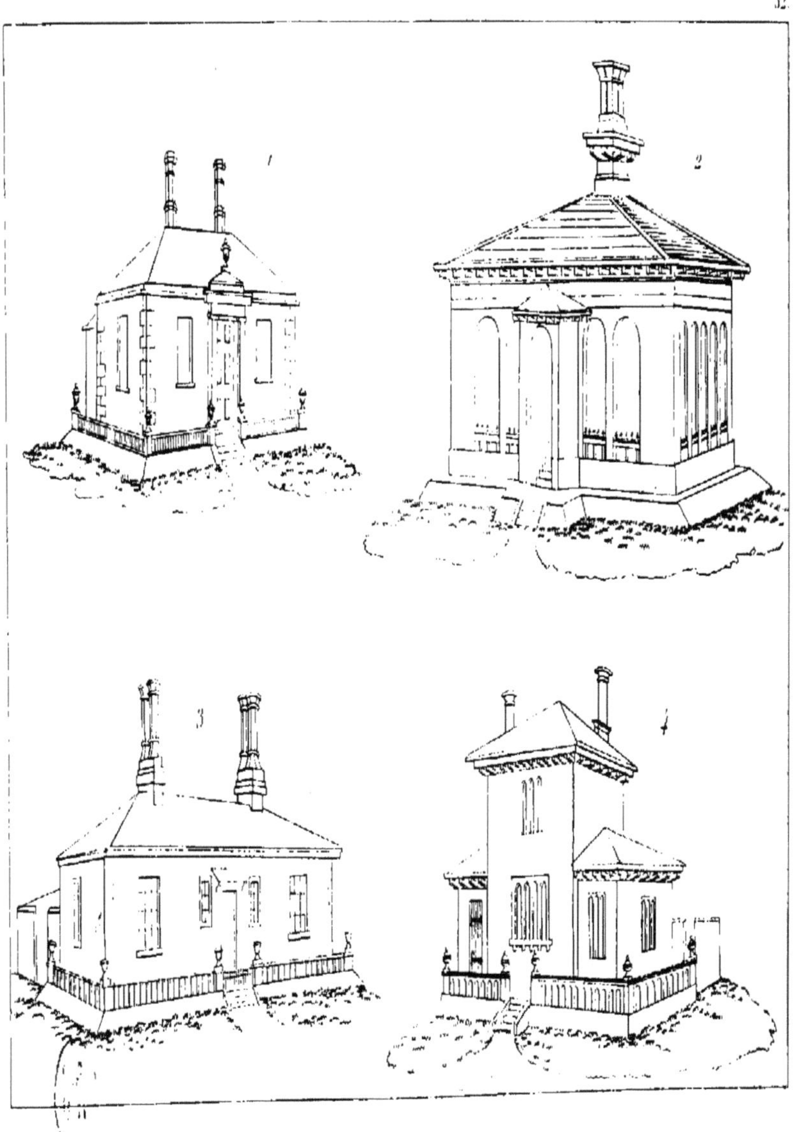

Pavillons de garde.

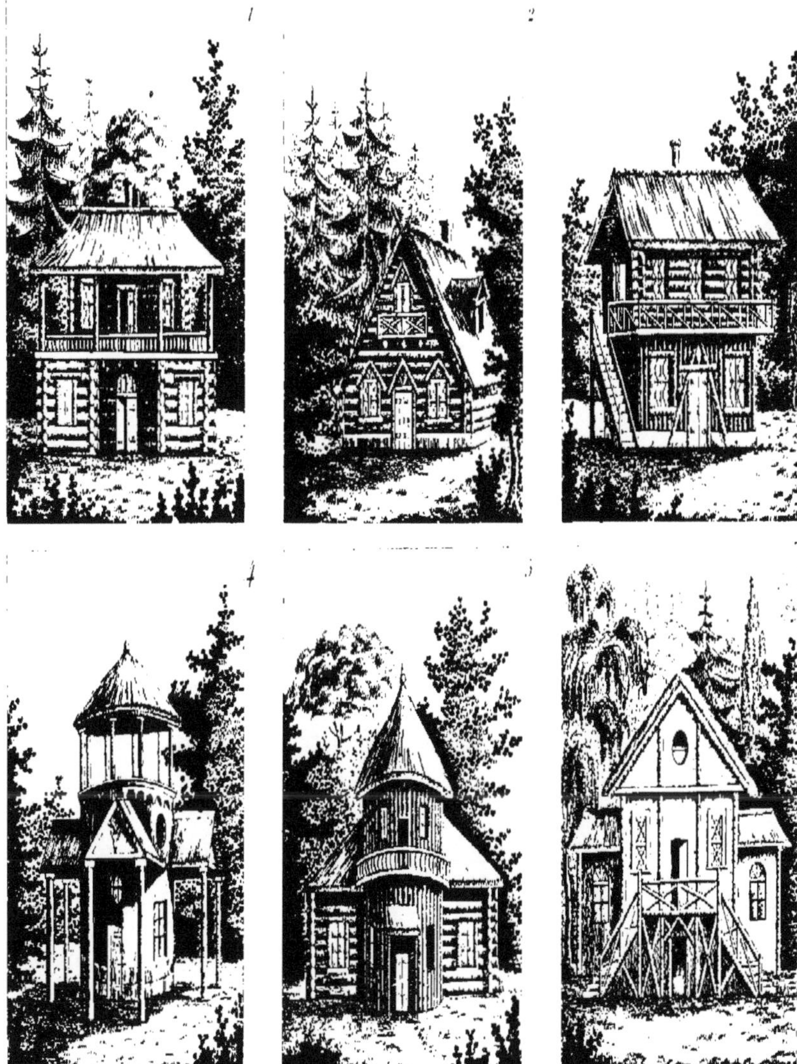

Chaumières russes.

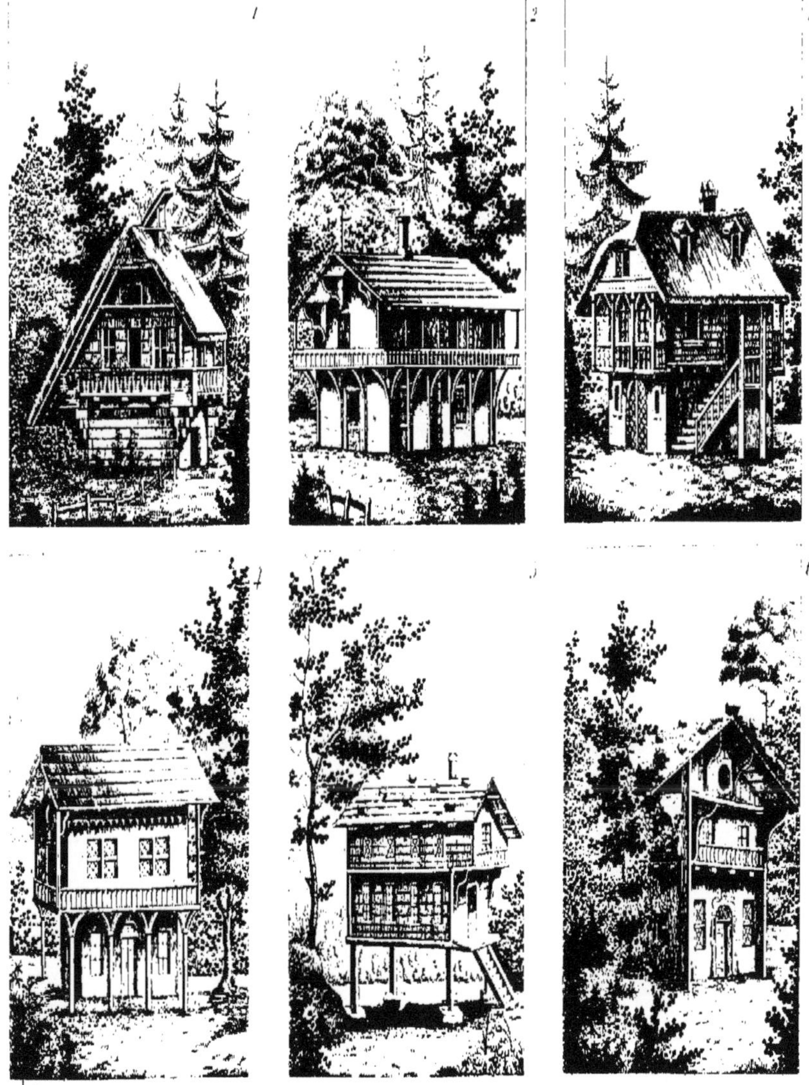

Chalets suisses.

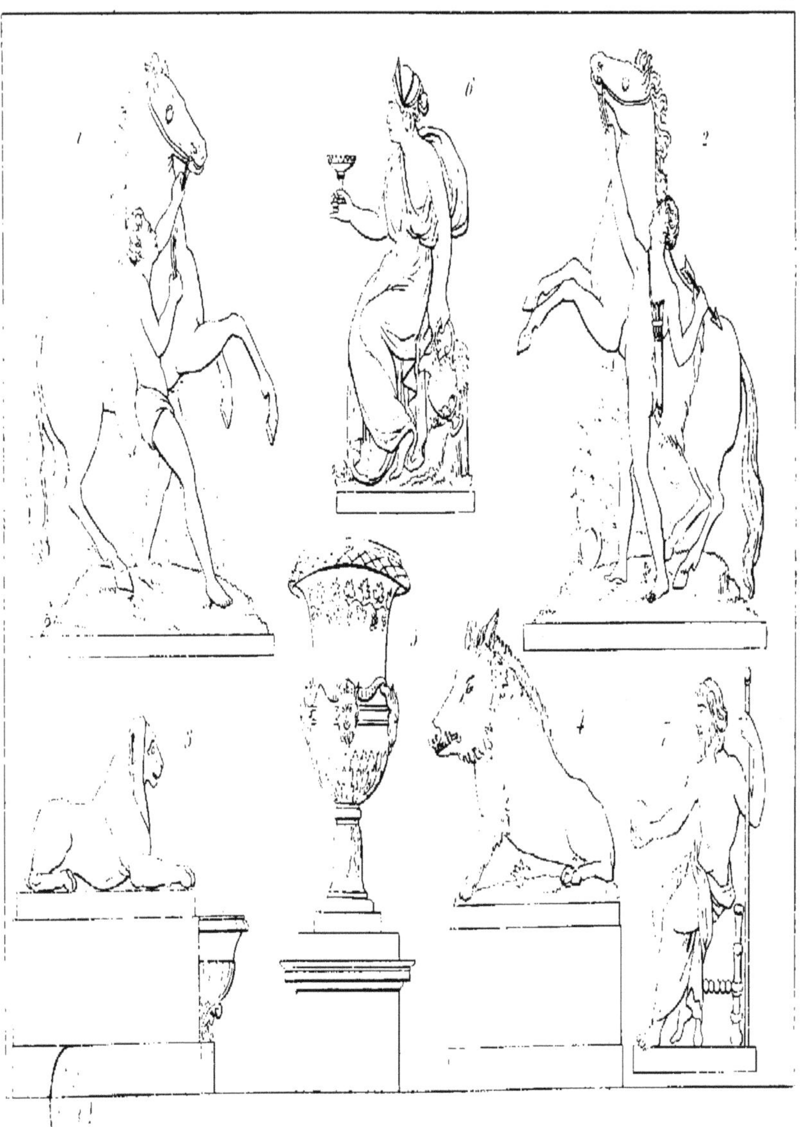

Sculptures.

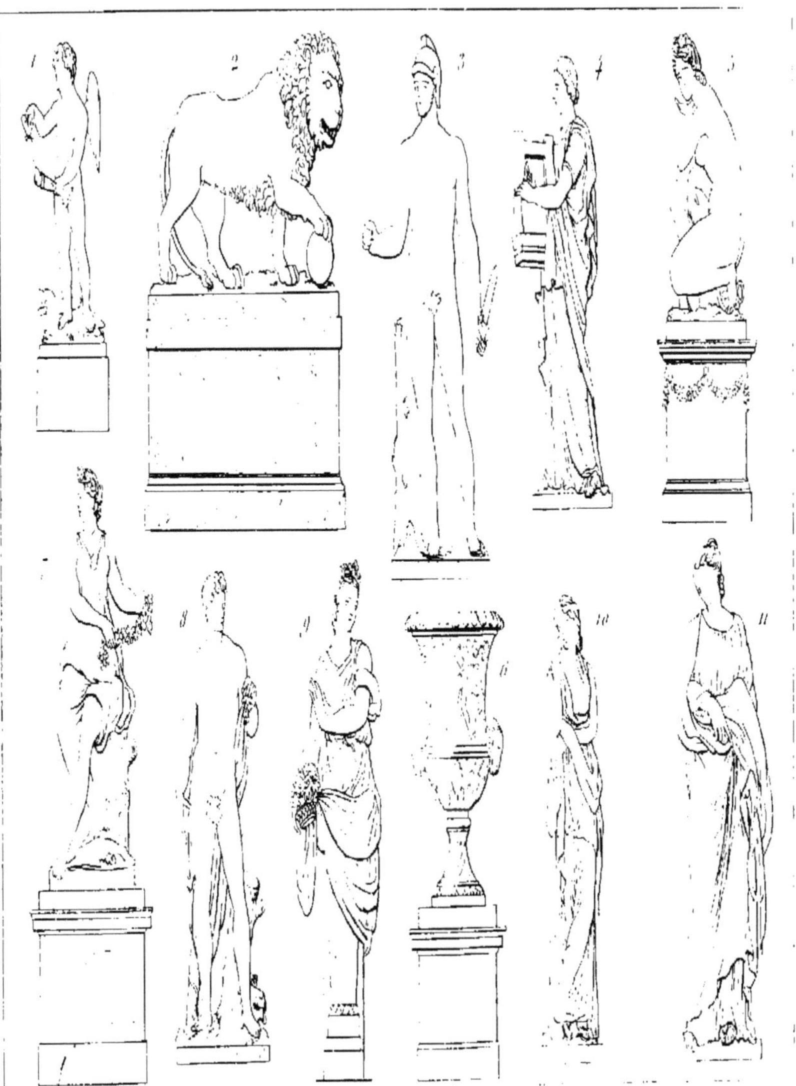

Sculptures.

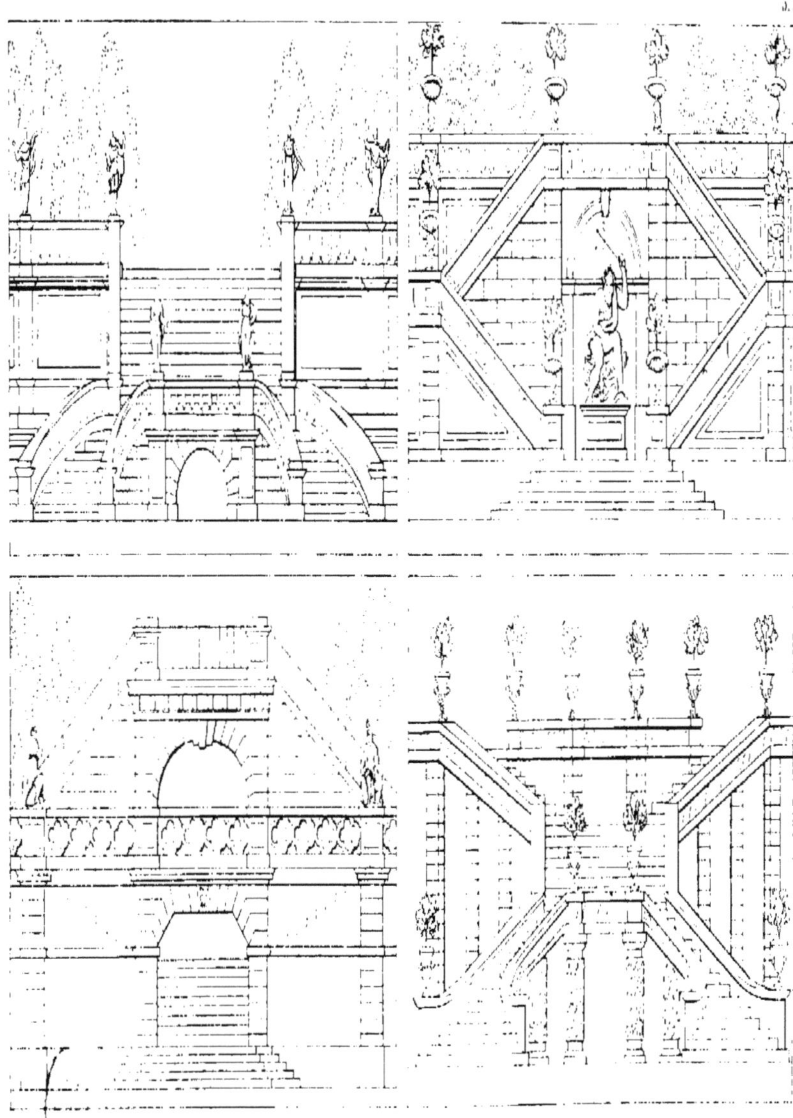

Escaliers ornés.

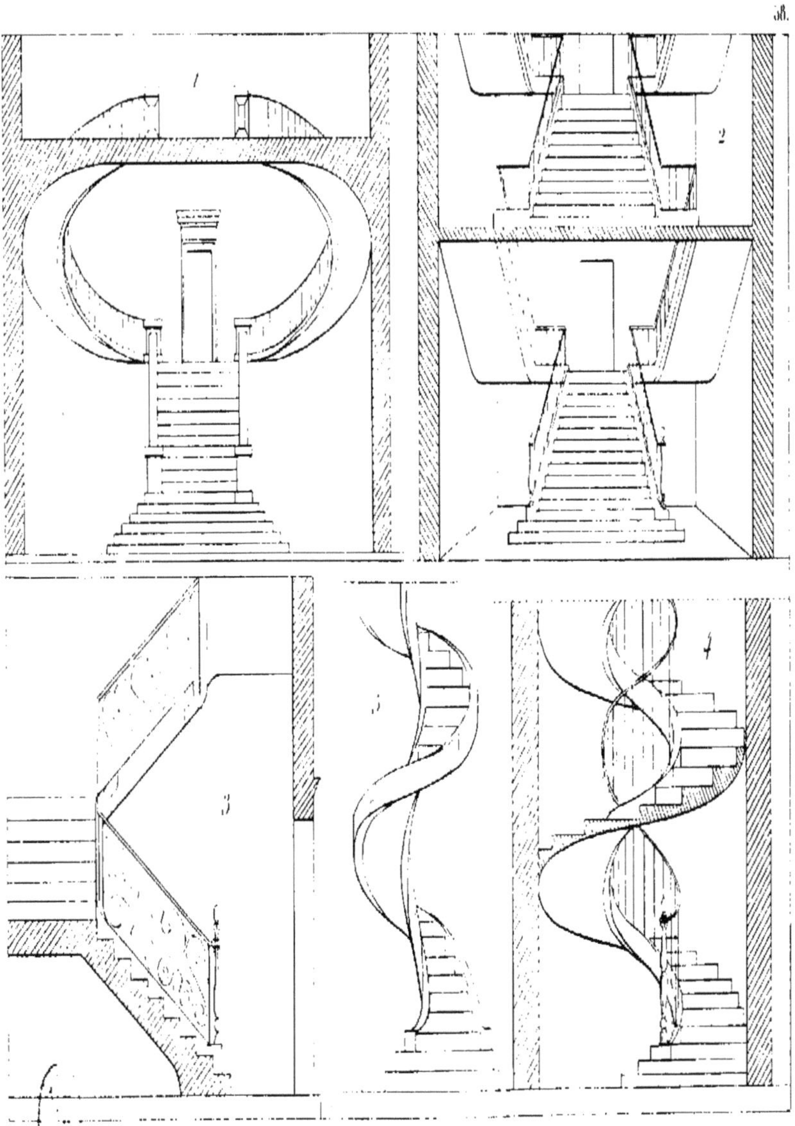

Escaliers intérieurs.

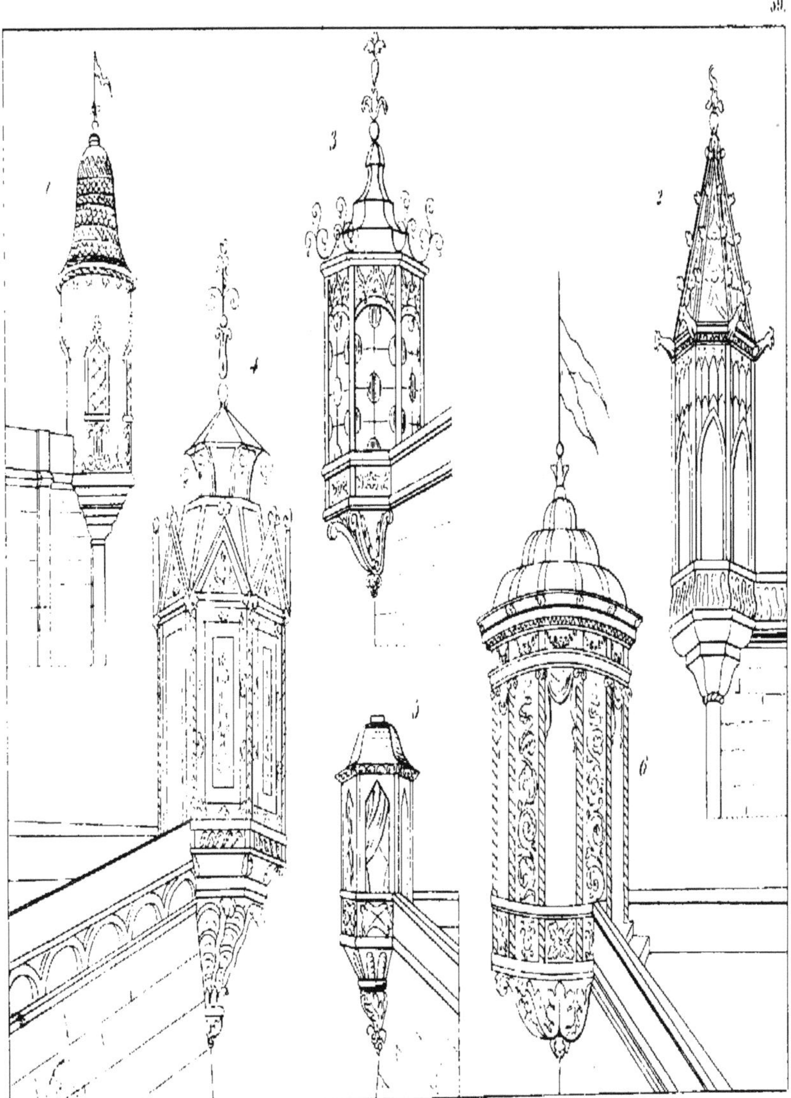

Lanternes.

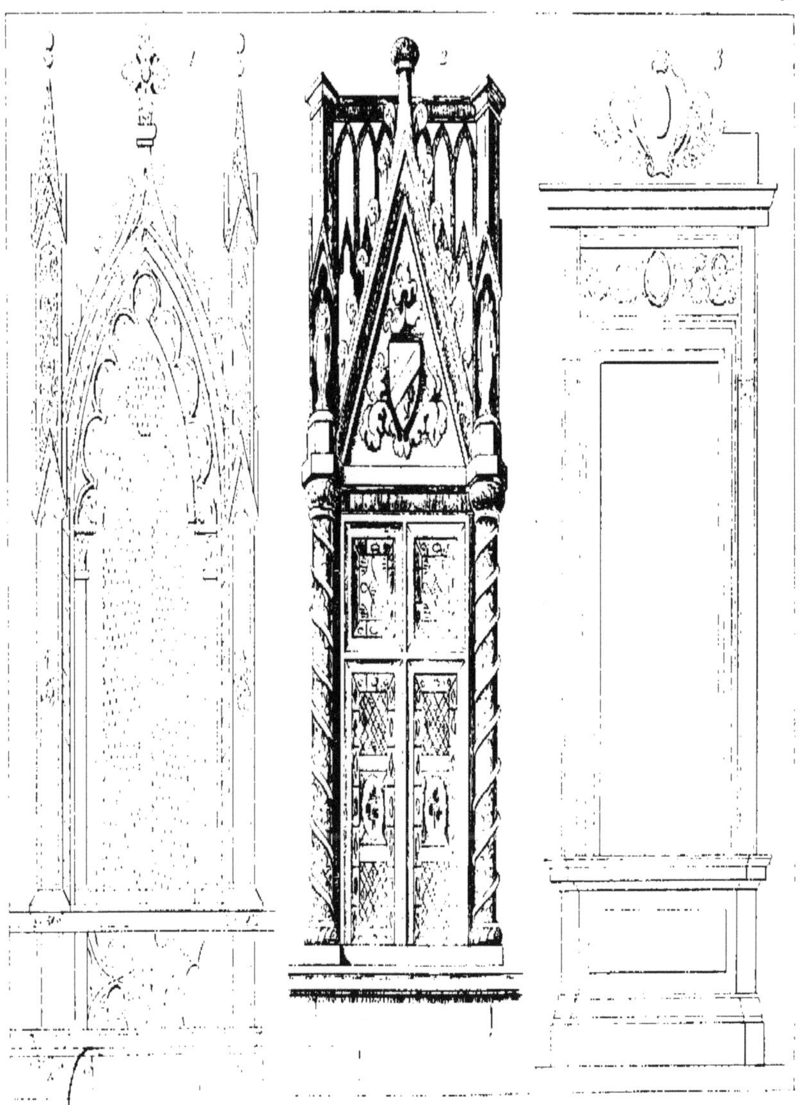

Fenêtres.

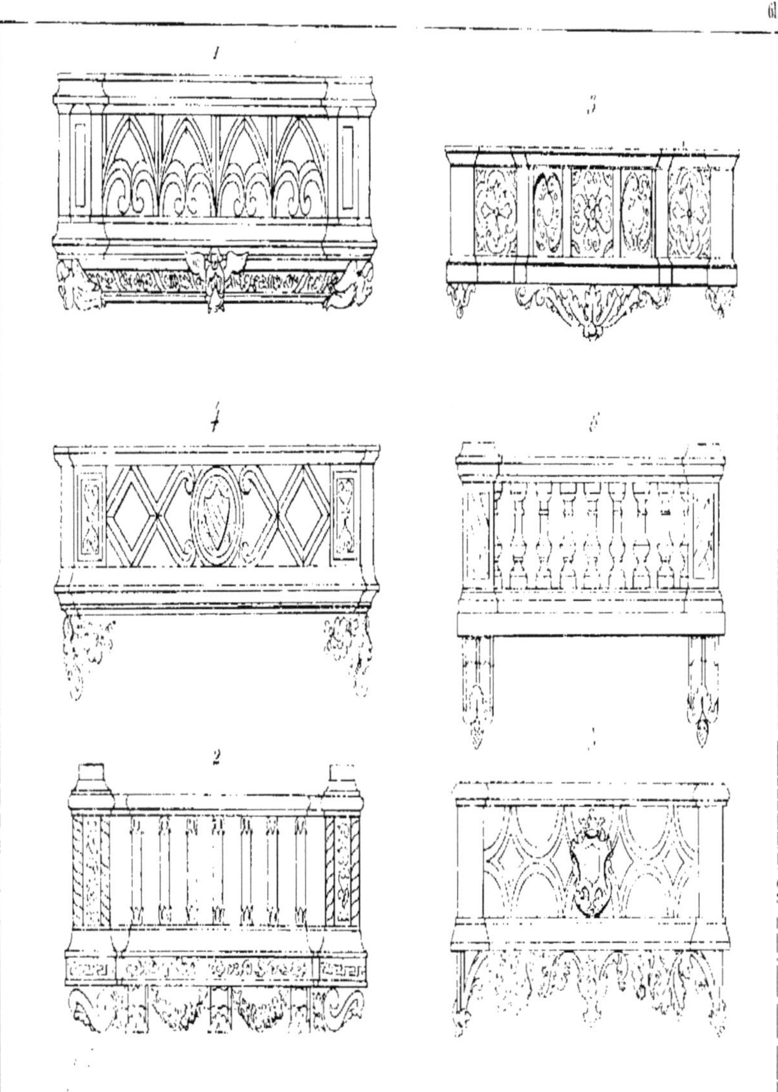

Balcons.

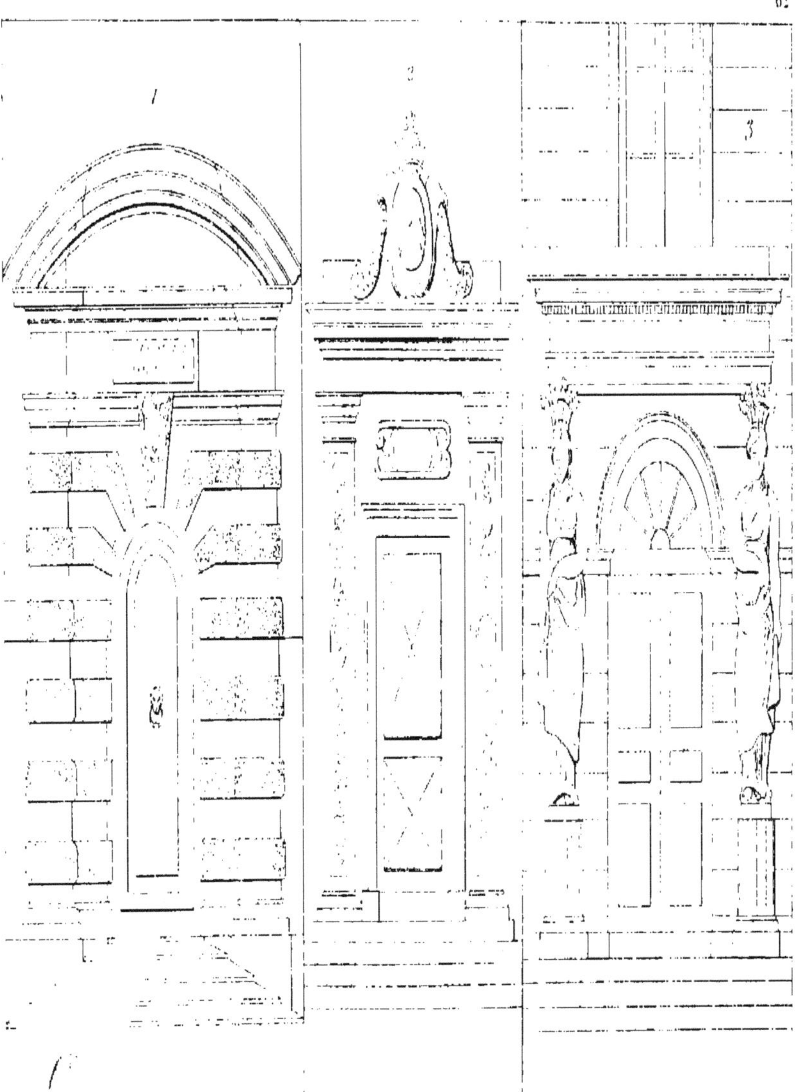

Portes.

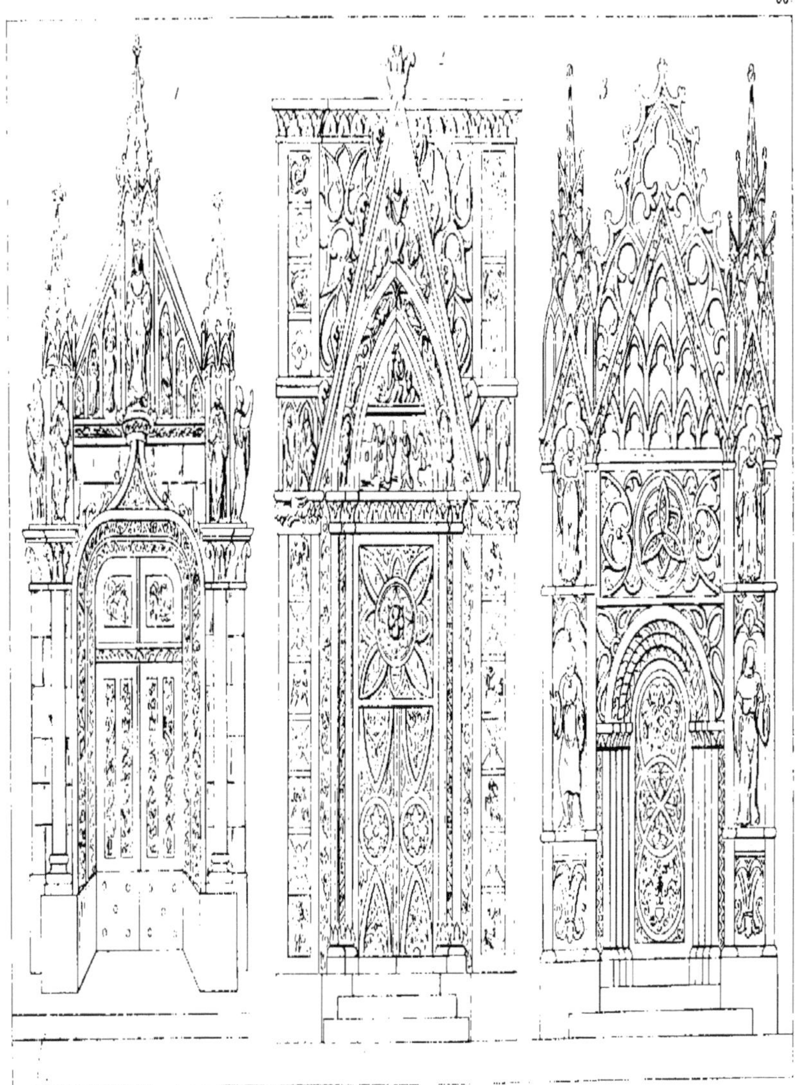

Portes gothiques

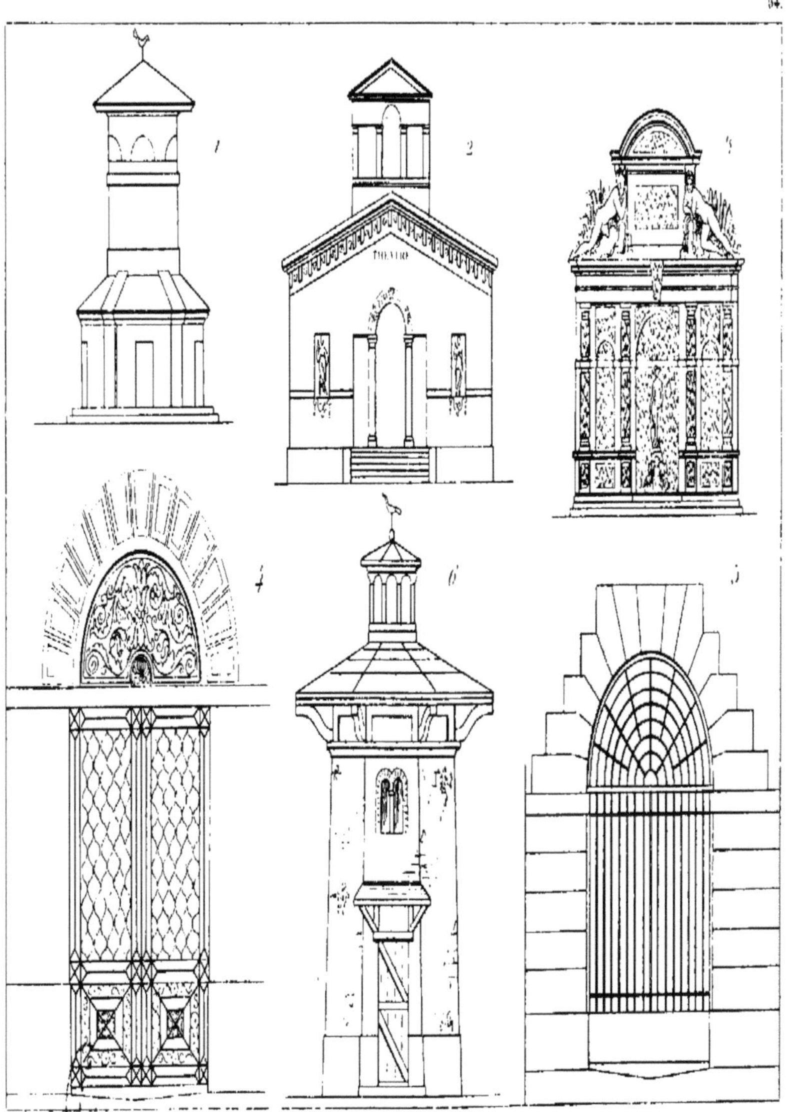

Fabriques diverses.

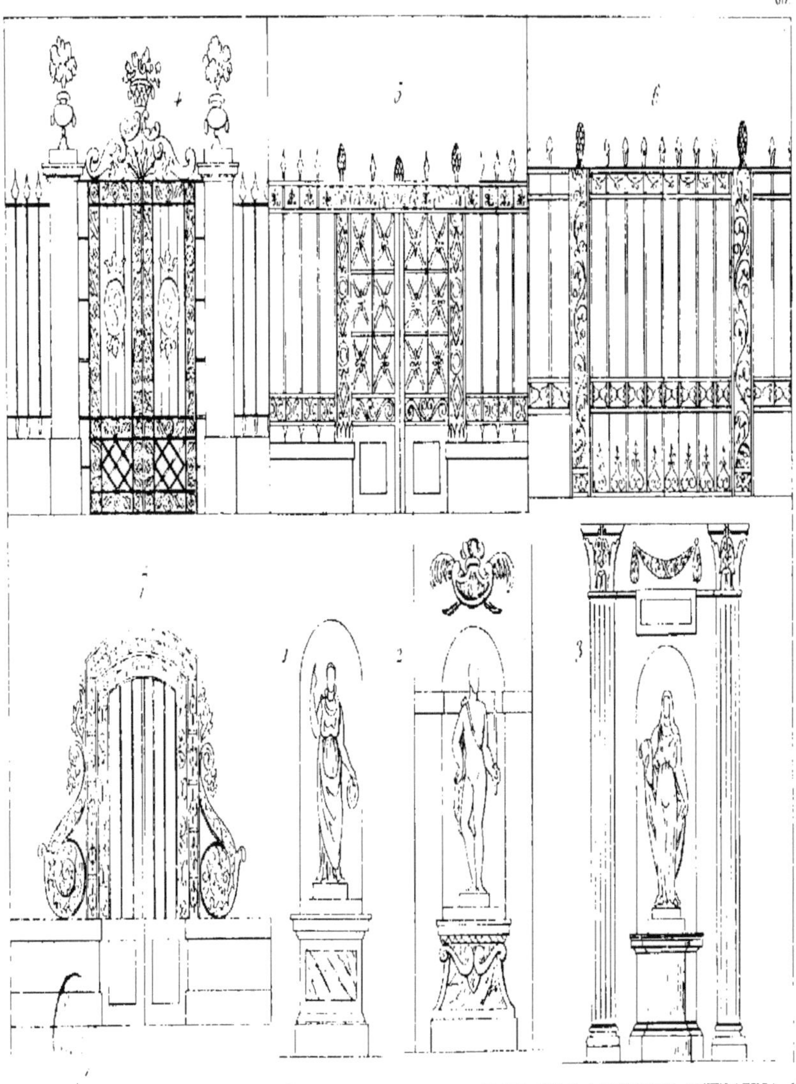

Prépière, Niches et Grilles.

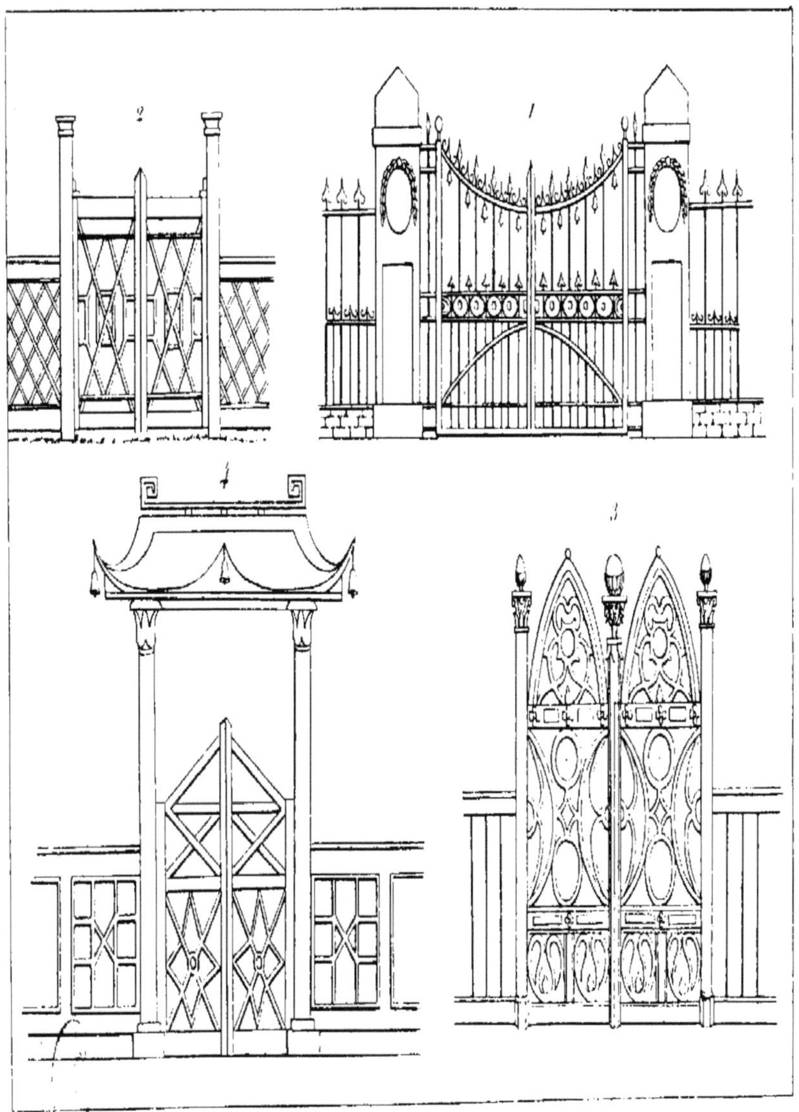

Barrières.

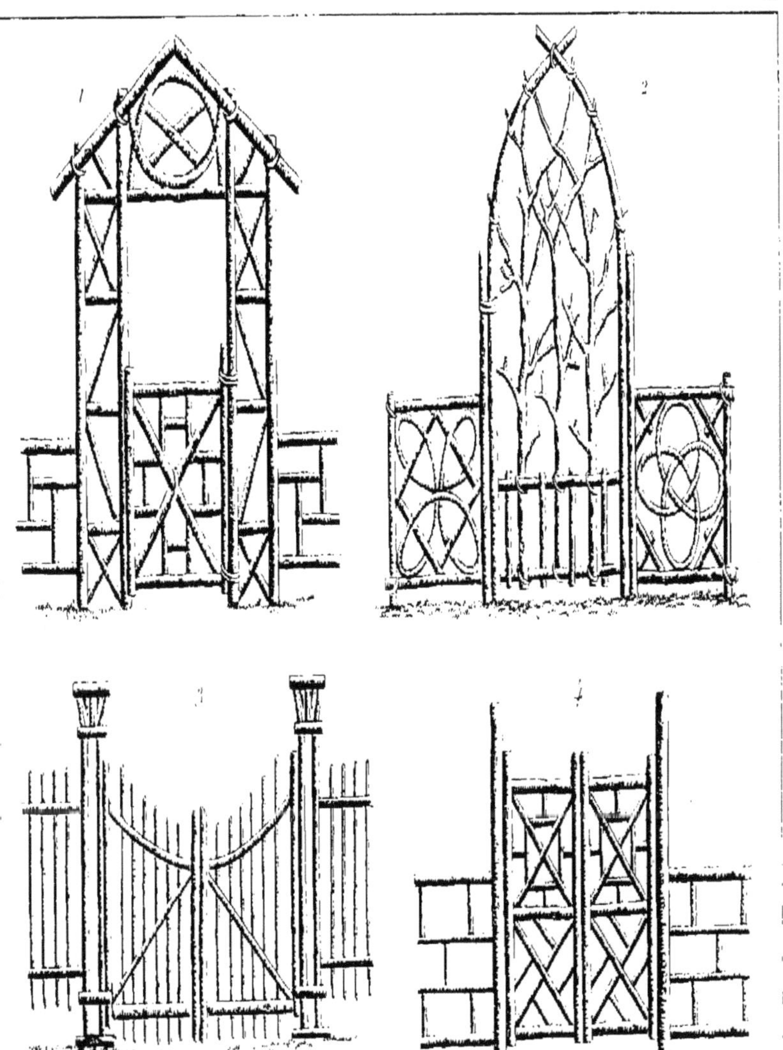

Barrières rustiques.

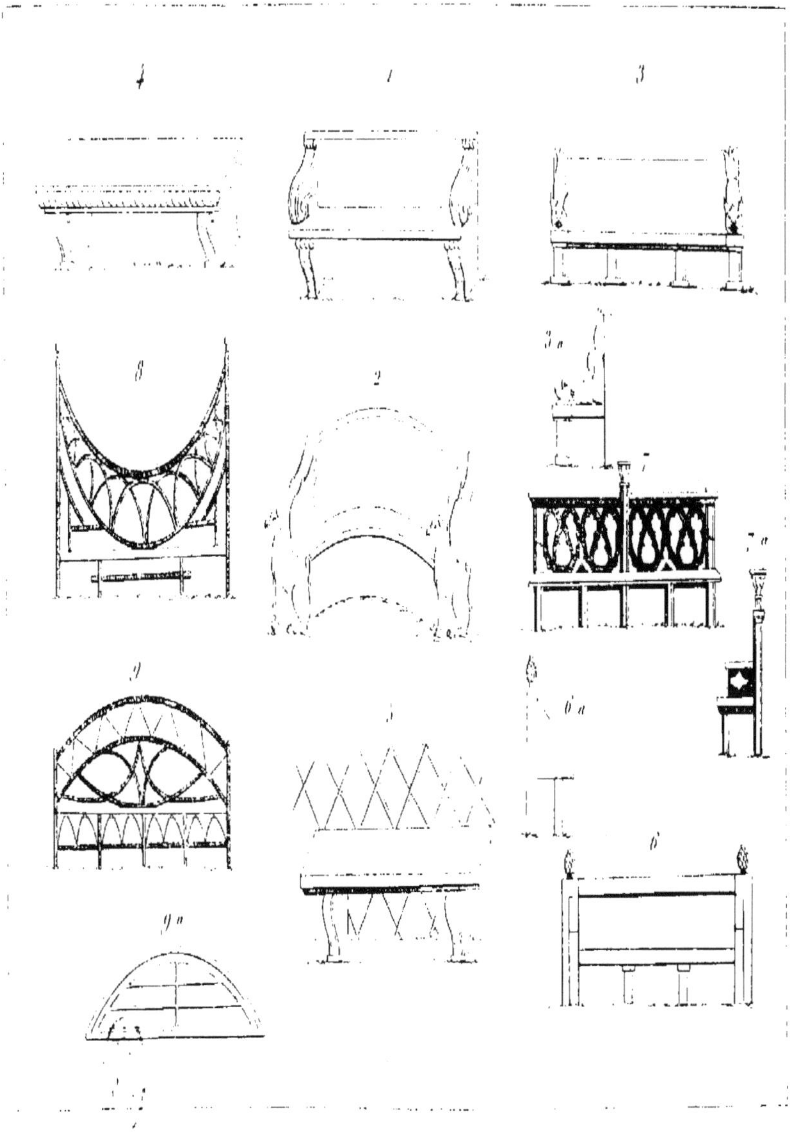

Bancs.

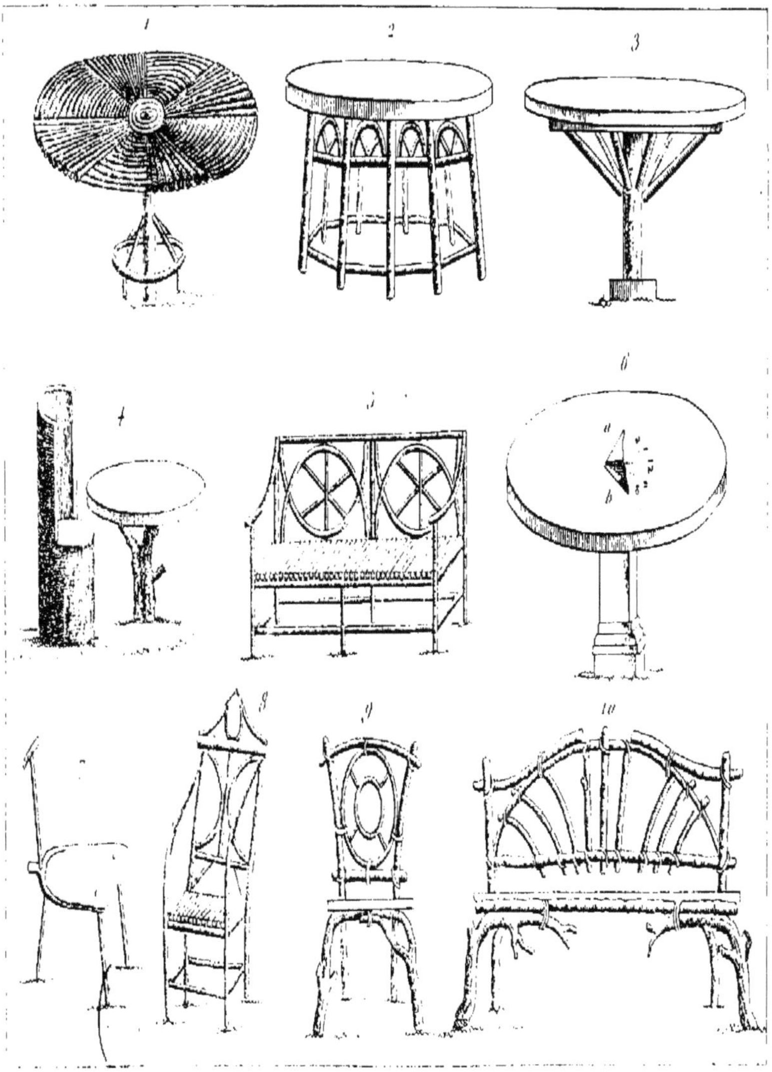

Meubles rustiques.

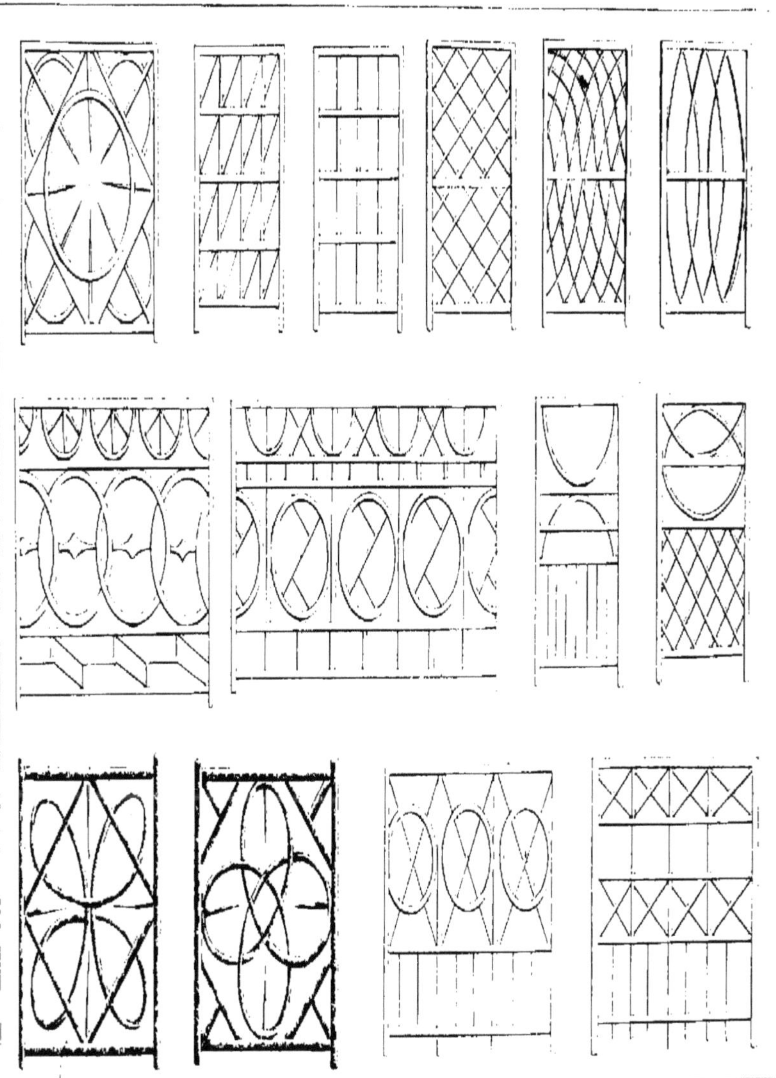

Treillages.

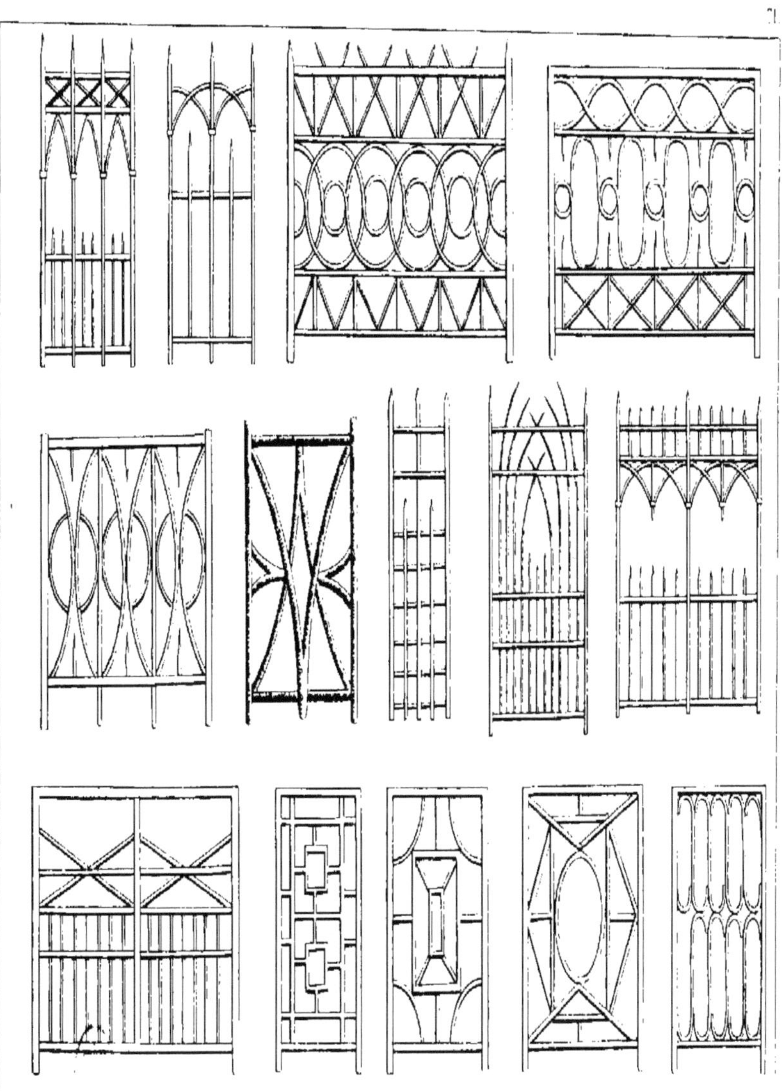

Treillages.

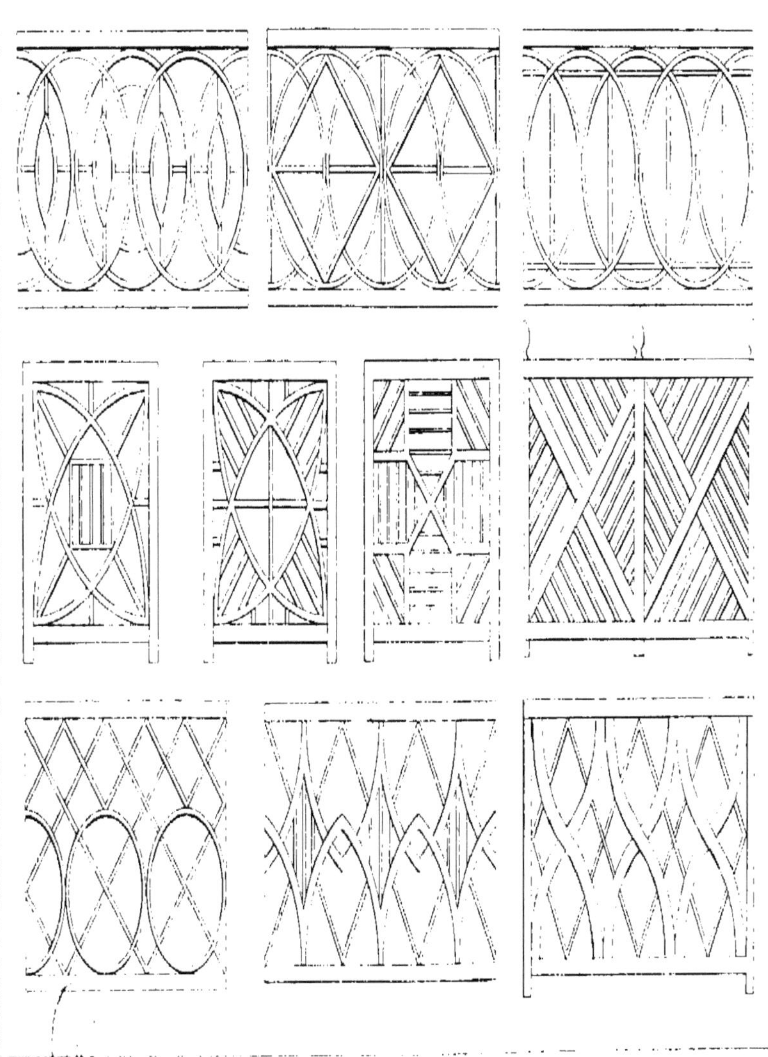

Treillages

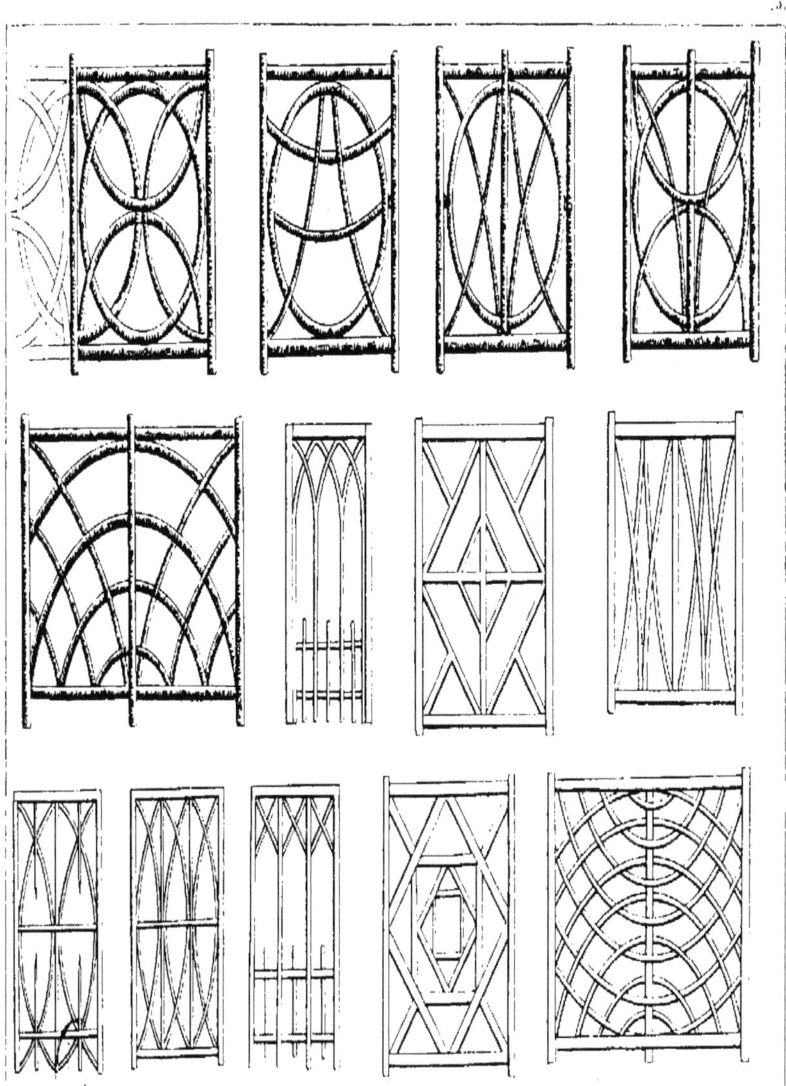

Treillages.

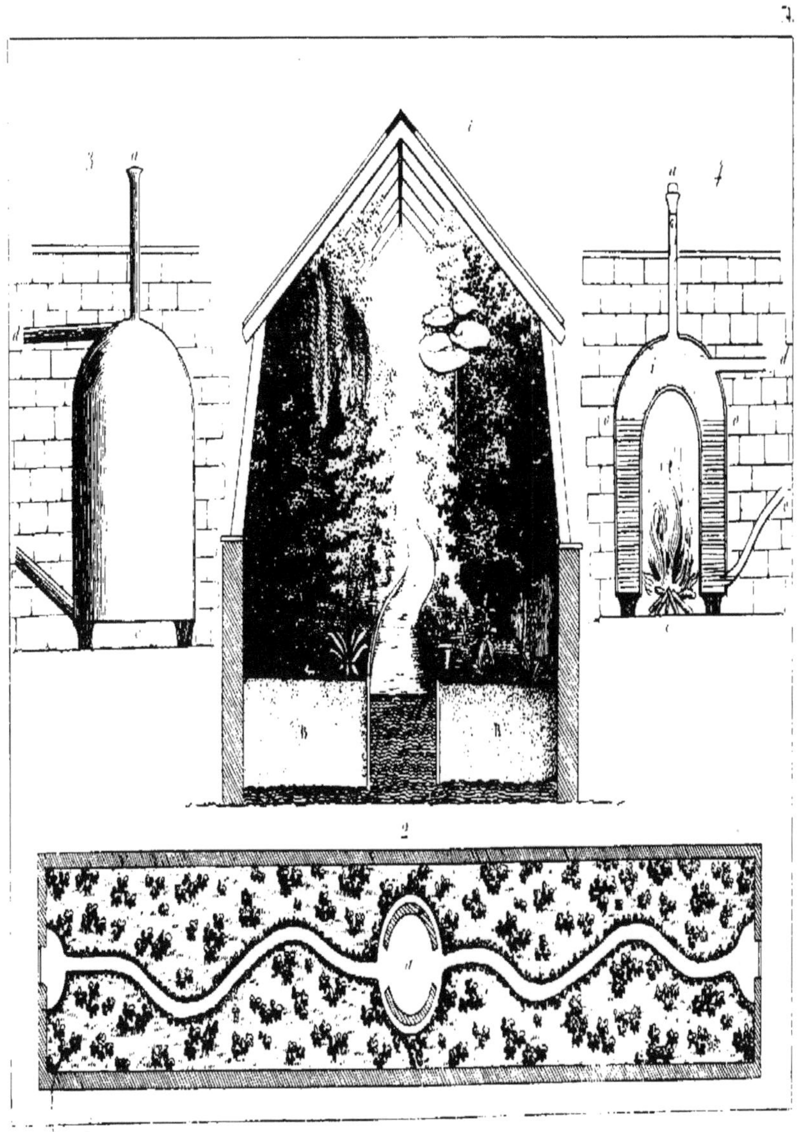

Jardin d'hiver.

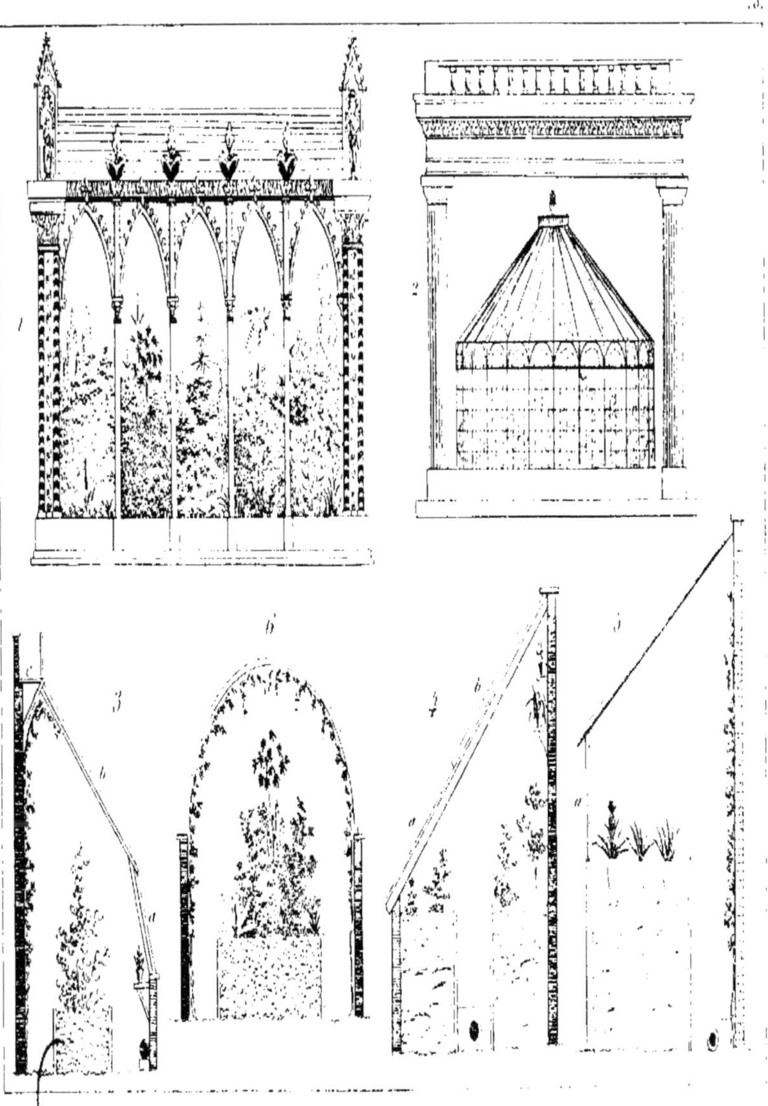

Serres chaudes et tempérées

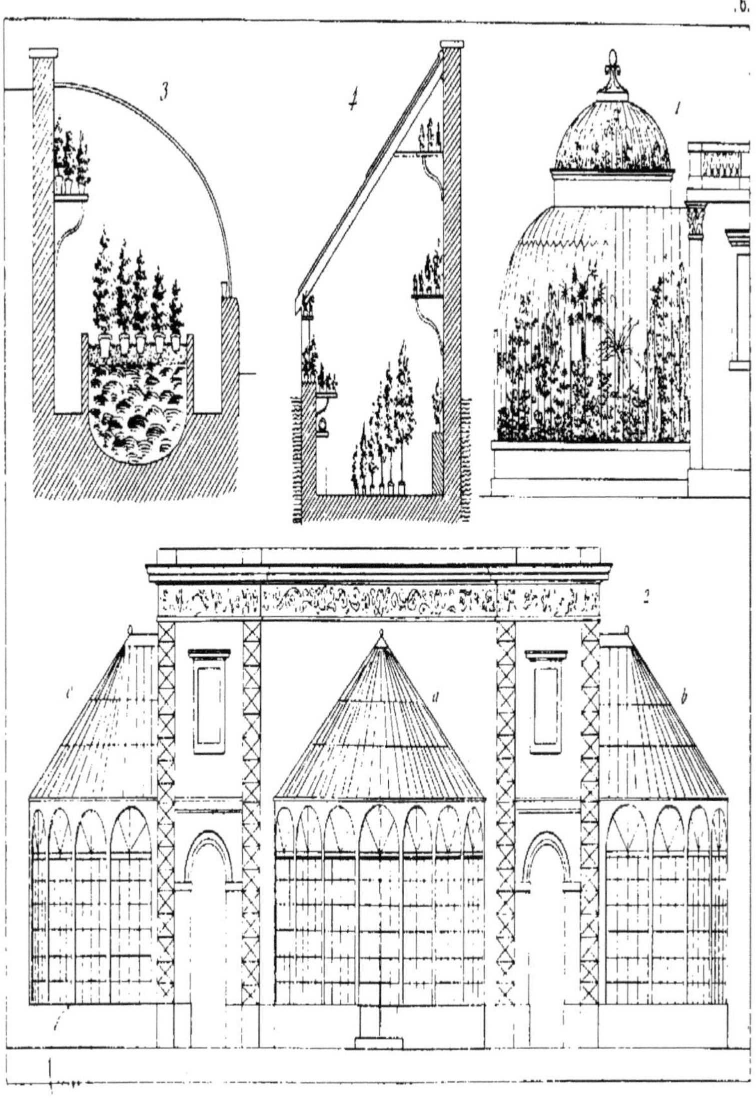

Serres chaudes.

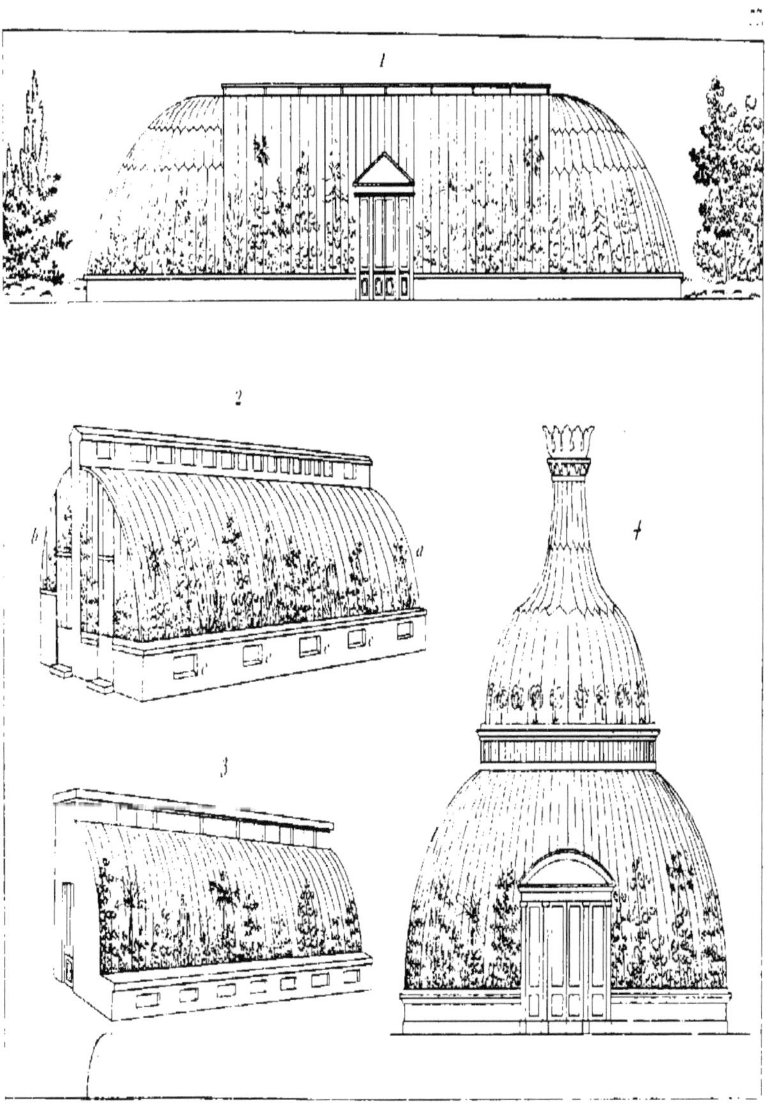

Serres chaudes.

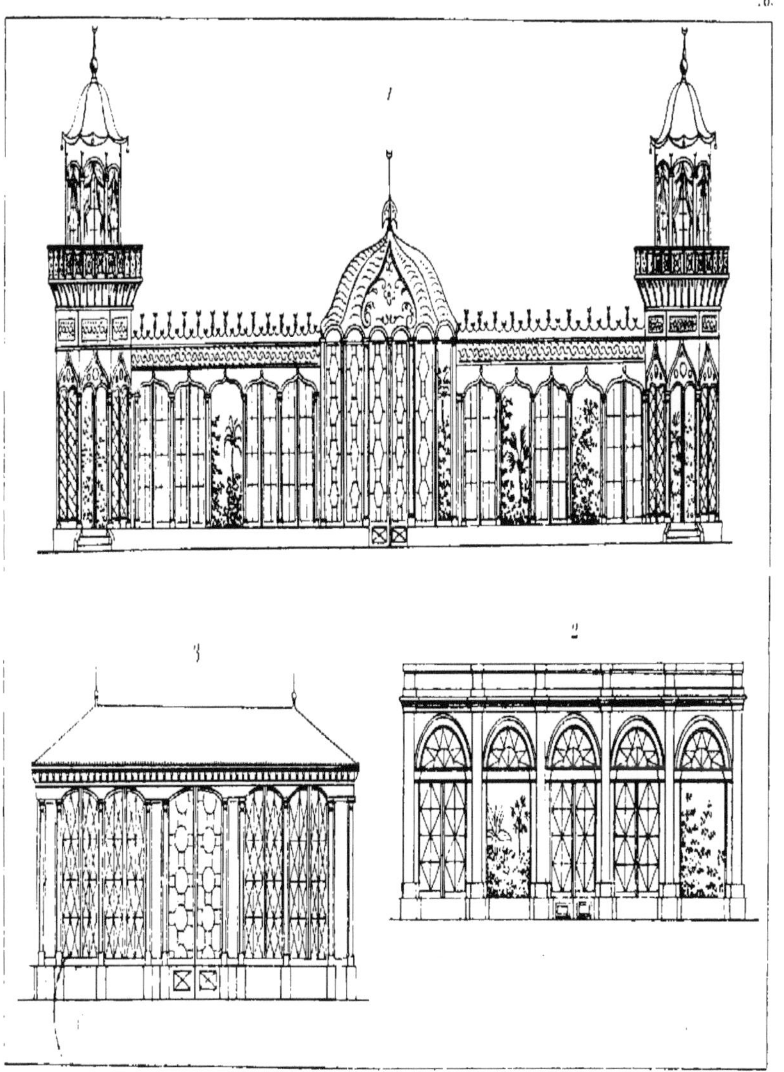

Orangeries.

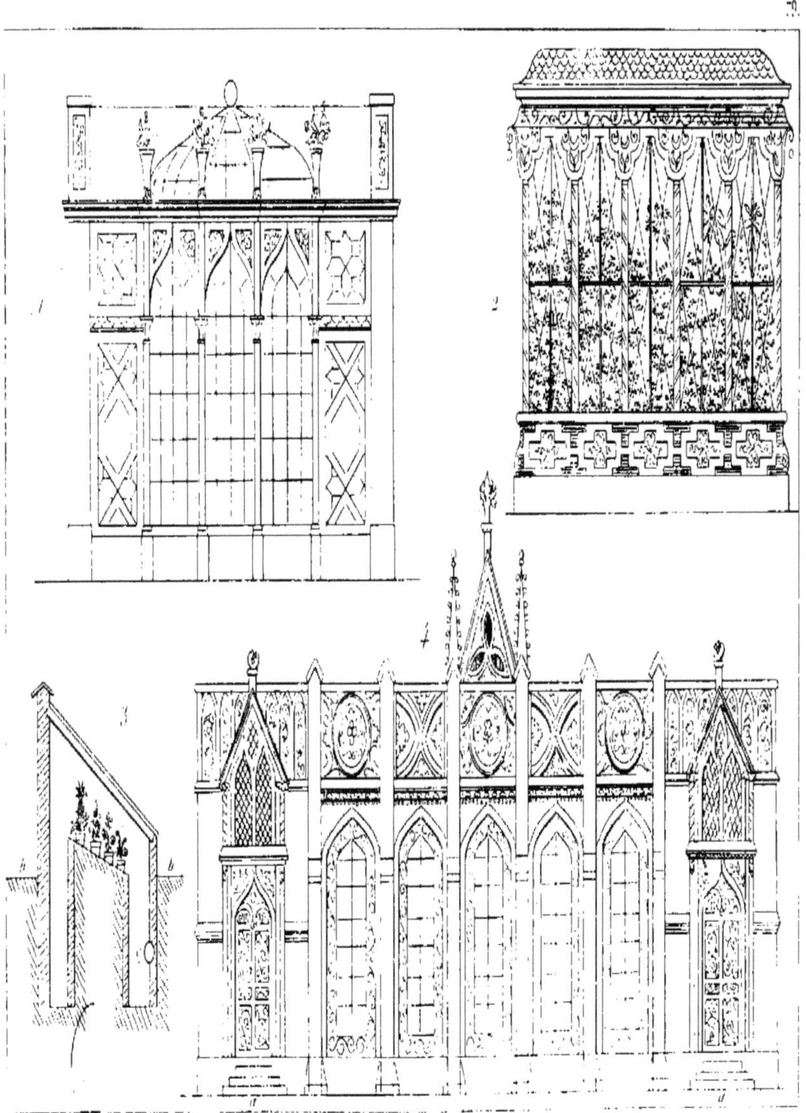

Serres tempérées et Orangerie.

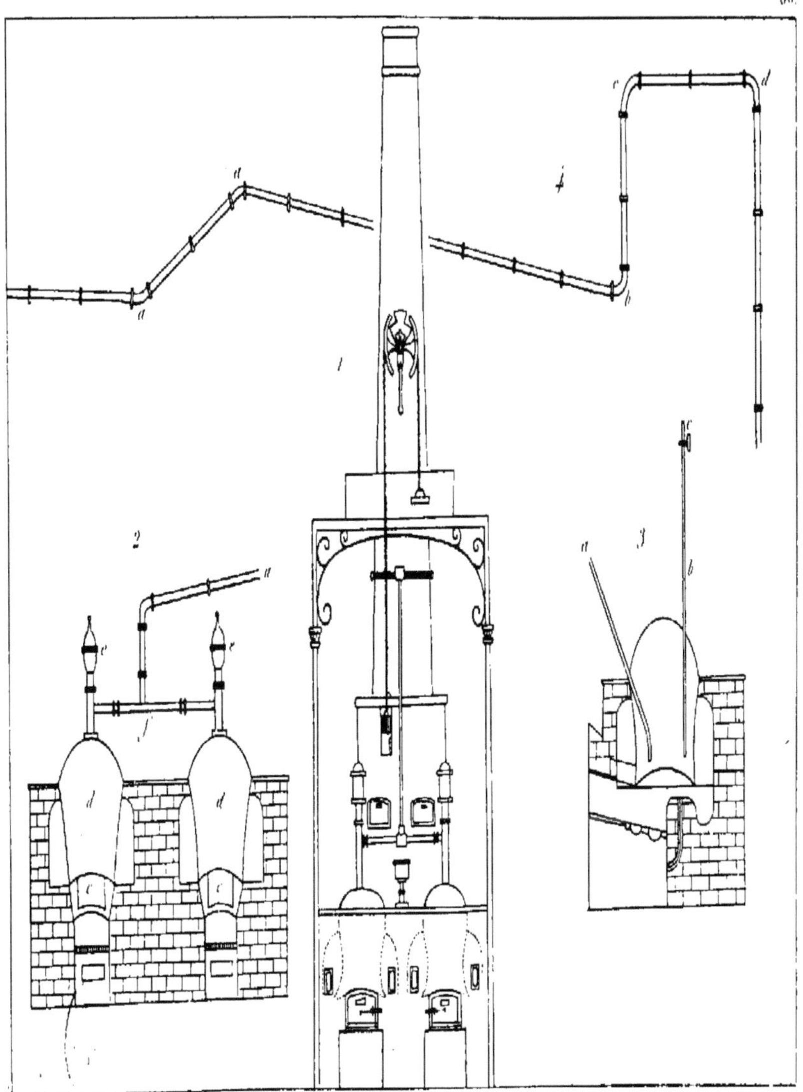

Machine à vapeur pour chauffer les Serres.

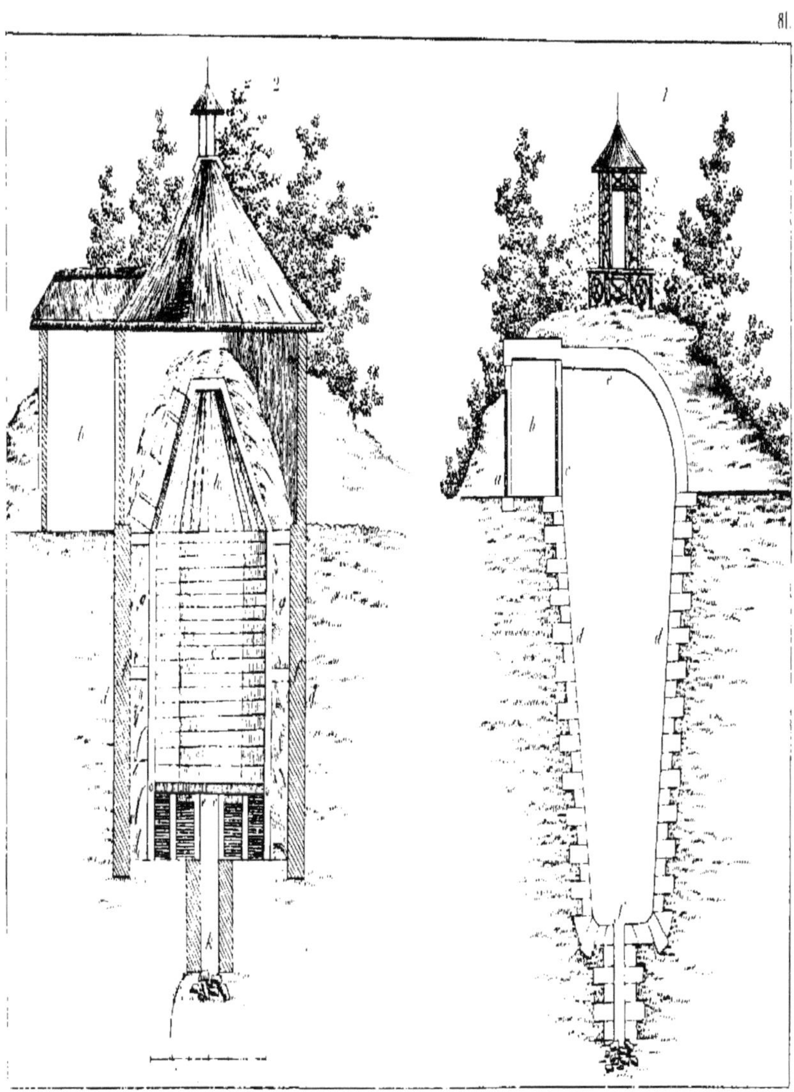

Glacières.

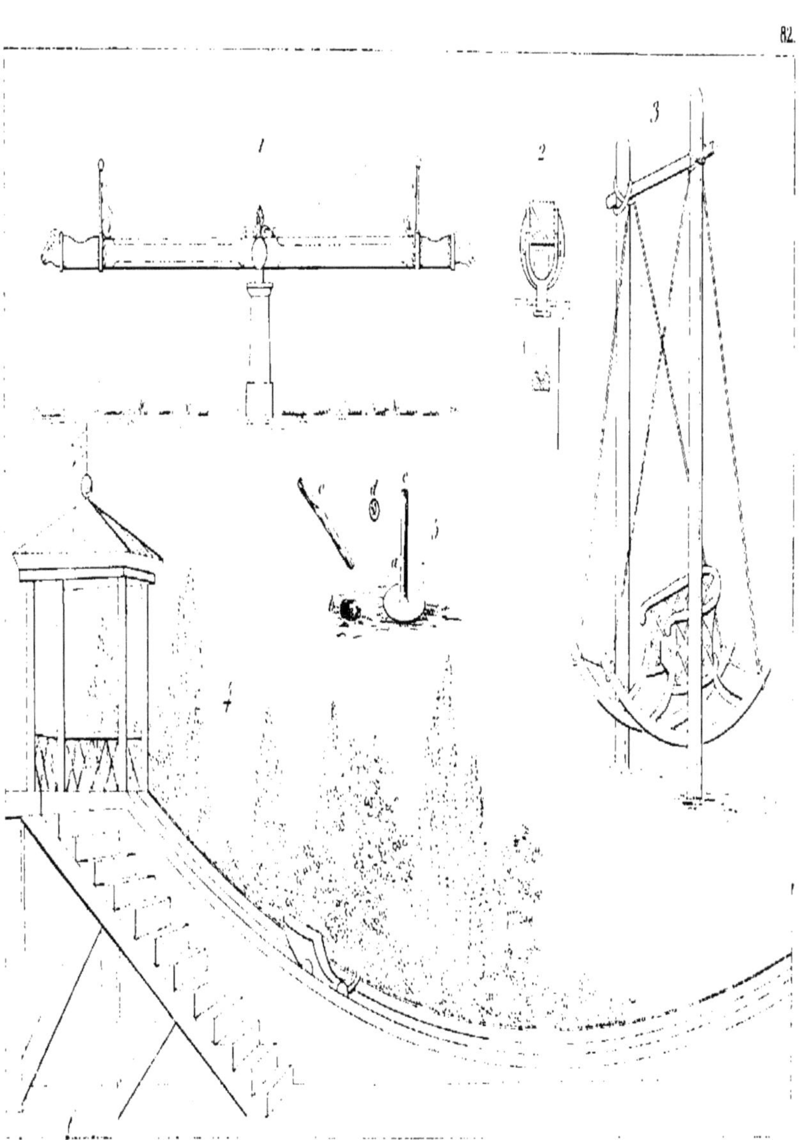

Gymnastique

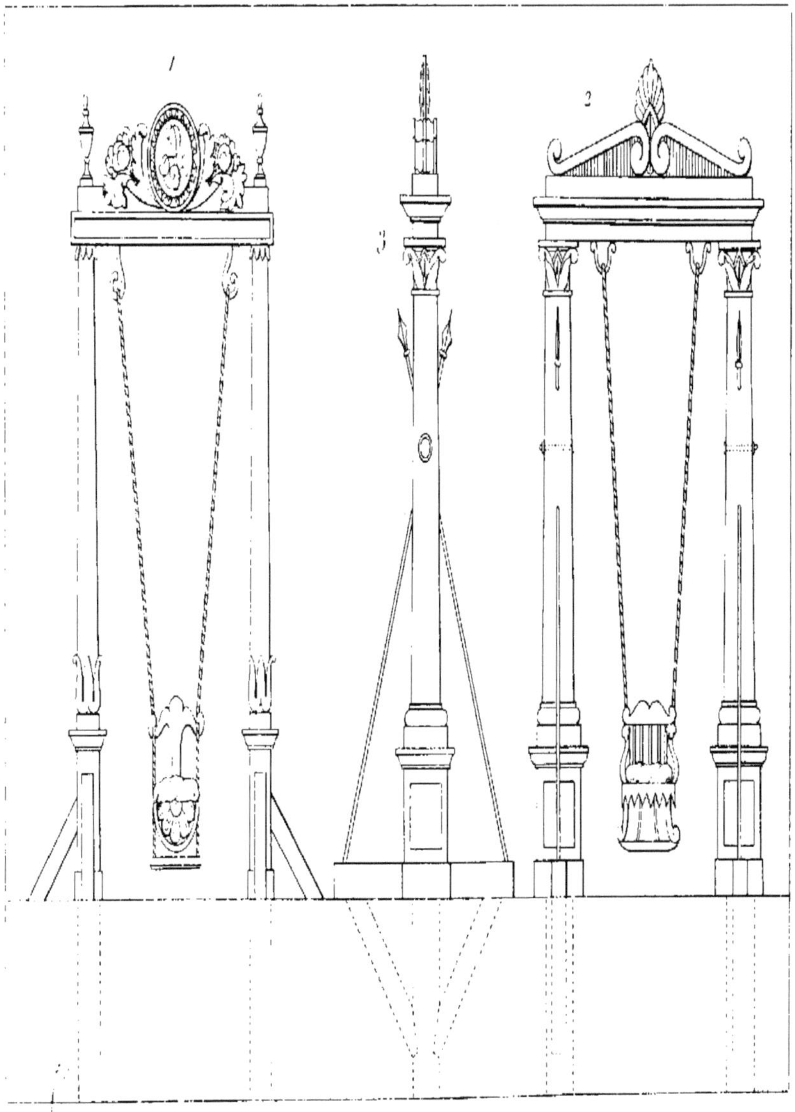

Gymnastique.

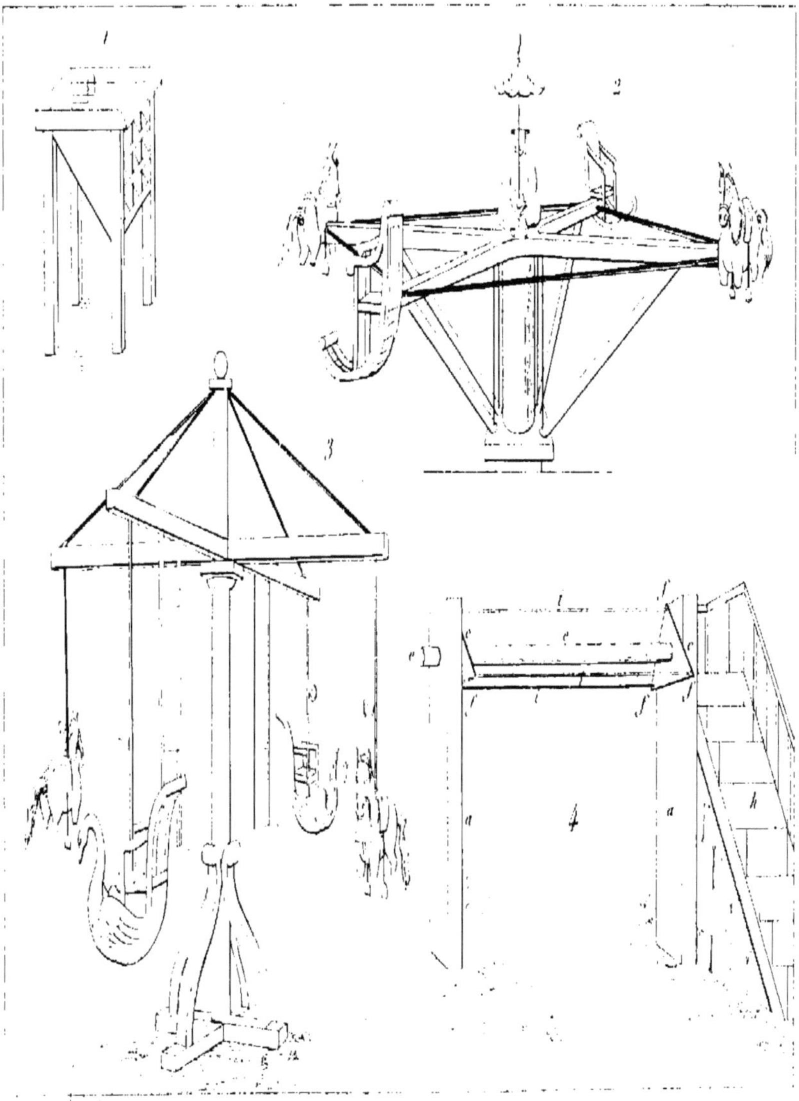

Gymnastique.

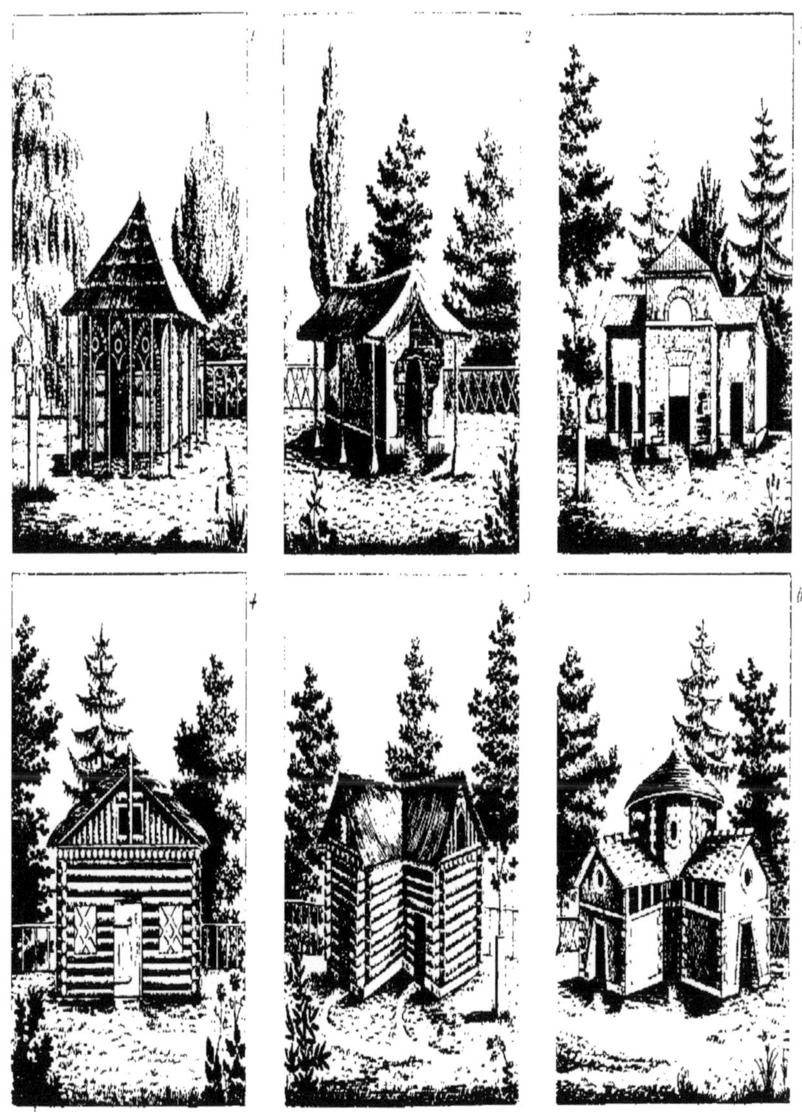

Cabanes de Jardin des plantes

86

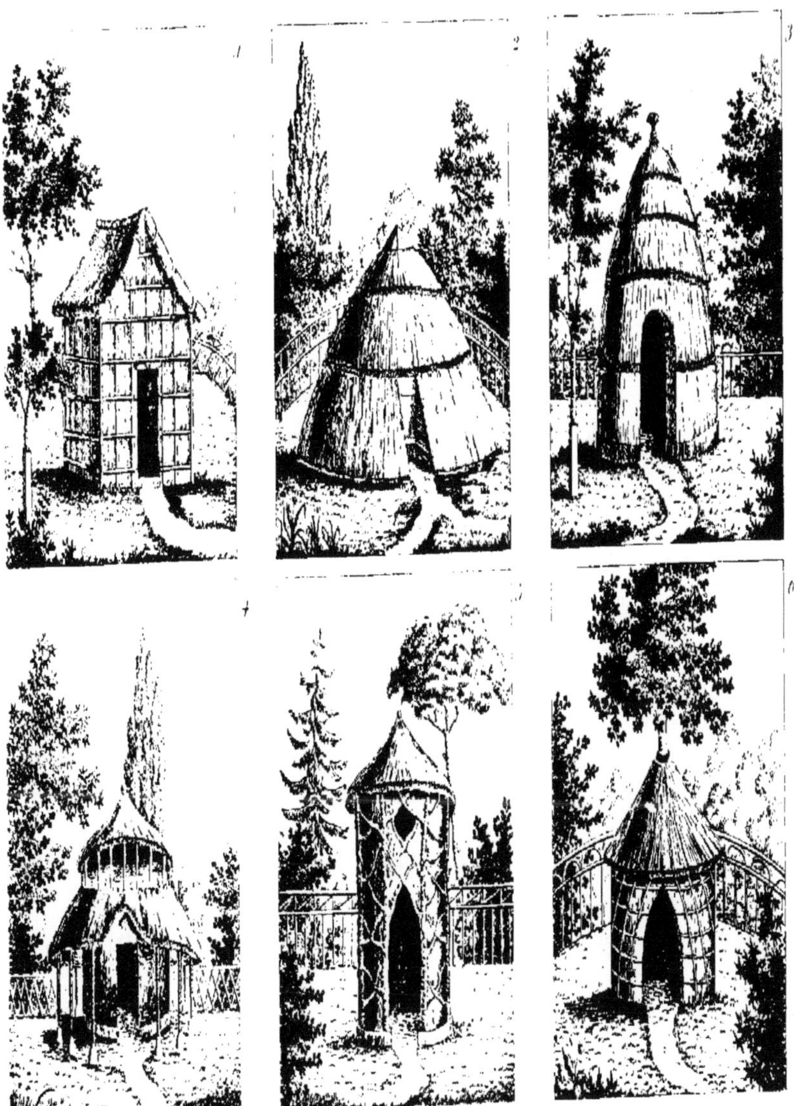

Cabanes du Jardin des plantes.

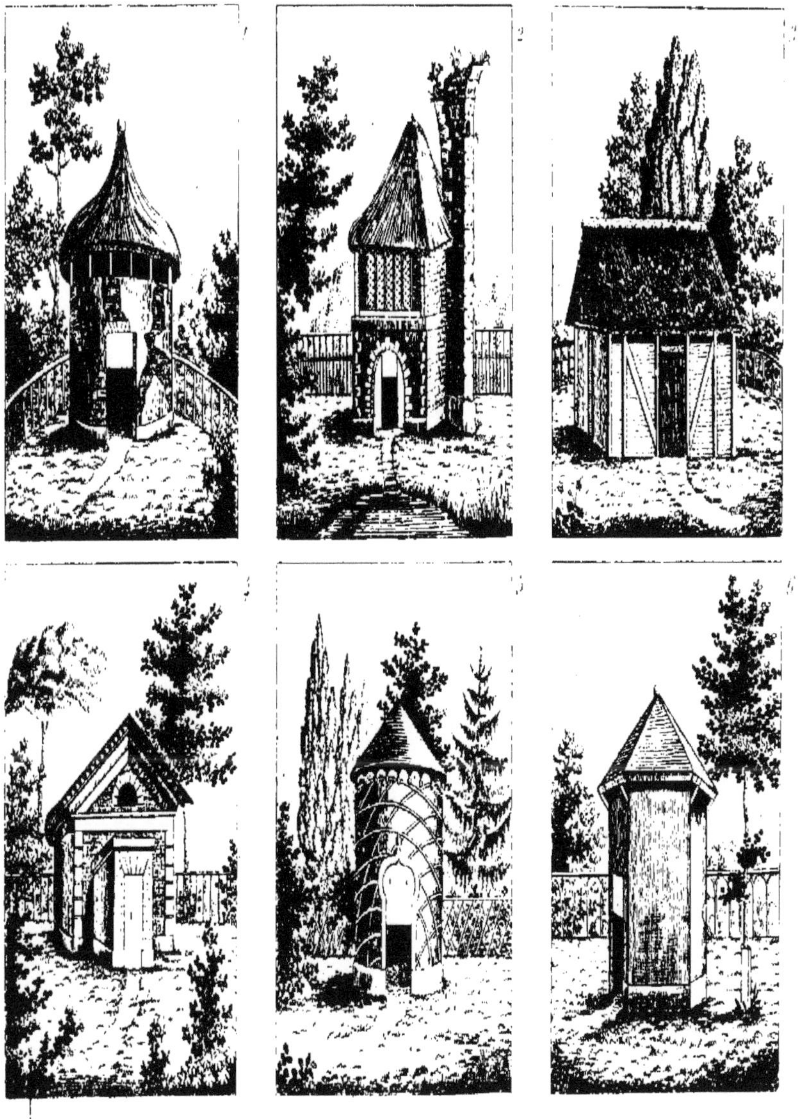

Cabanes du Jardin des plantes.

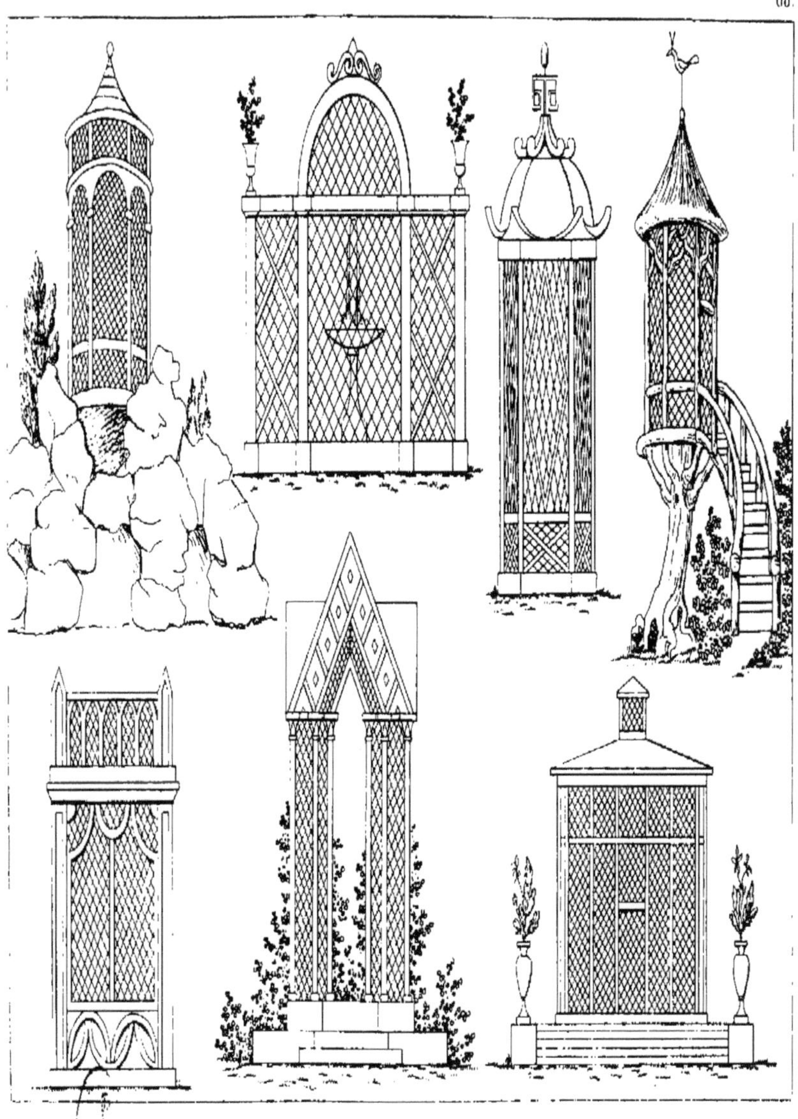

Volières.

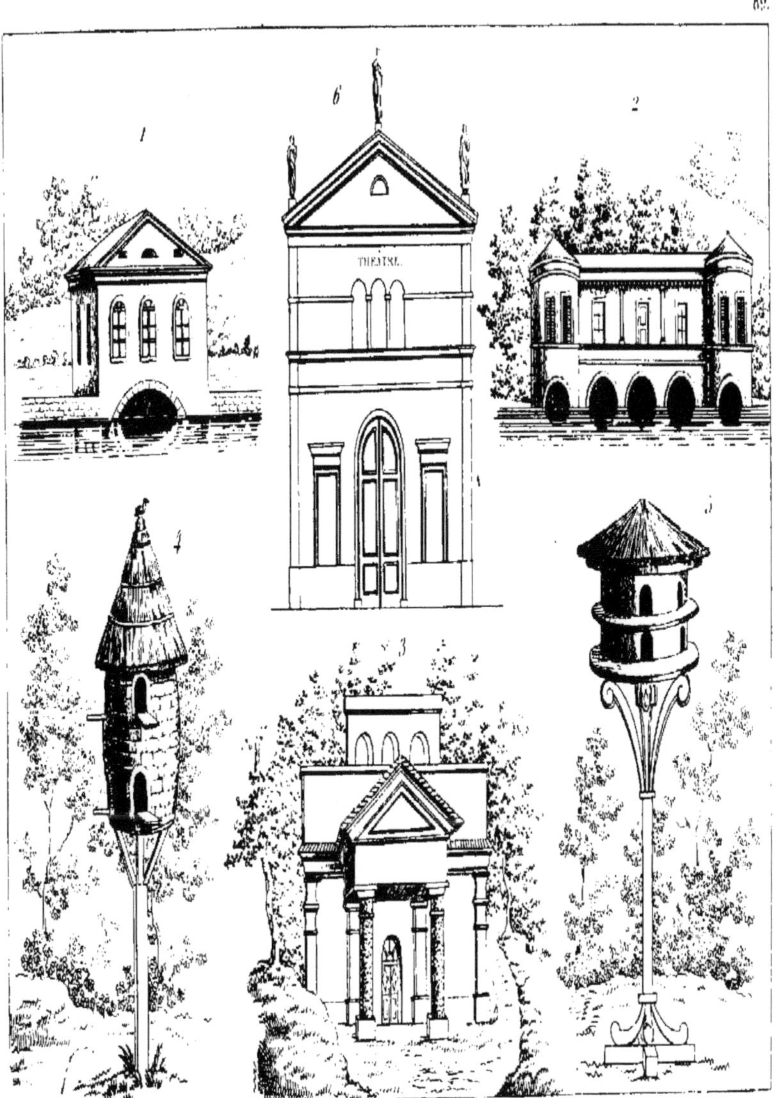

Fabriques diverses.

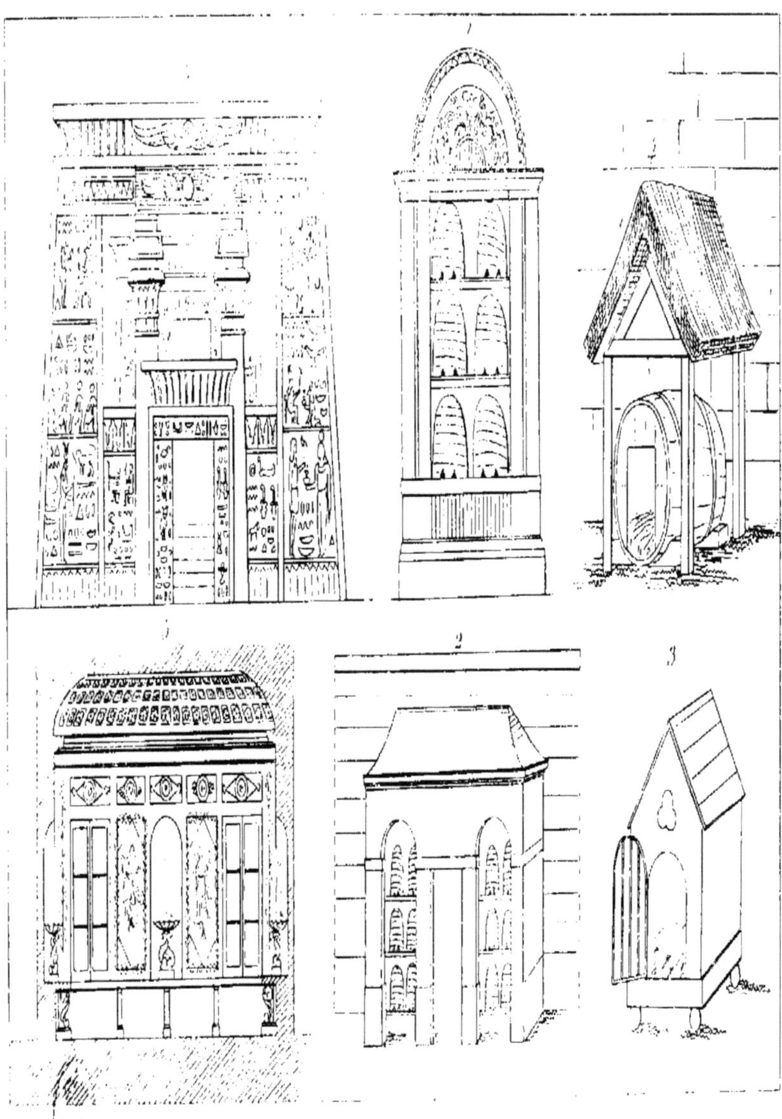

Fabriques diverses

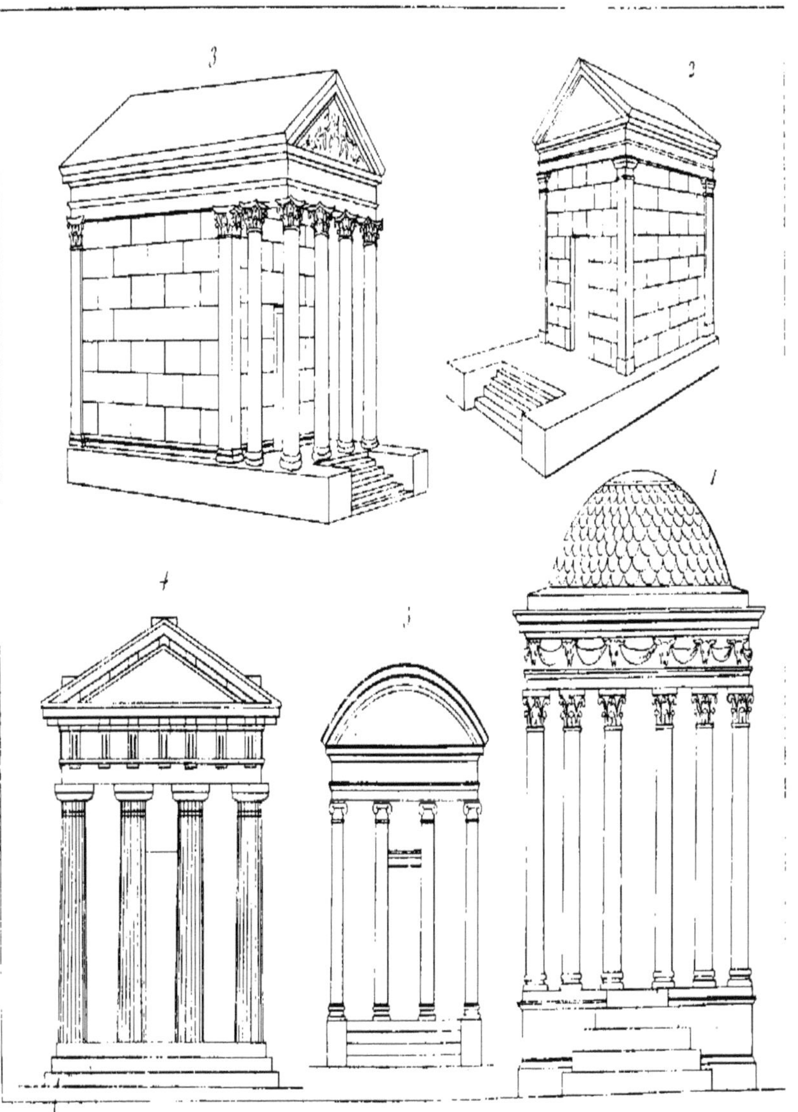

Temples.

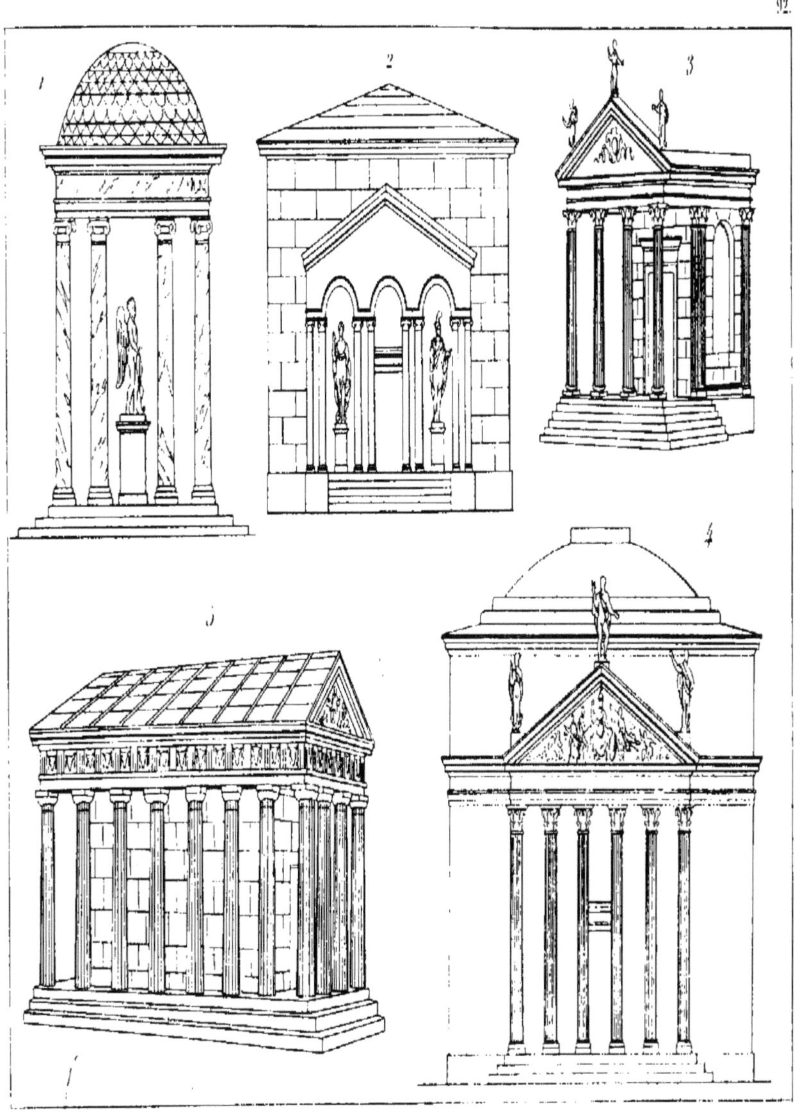

Temples

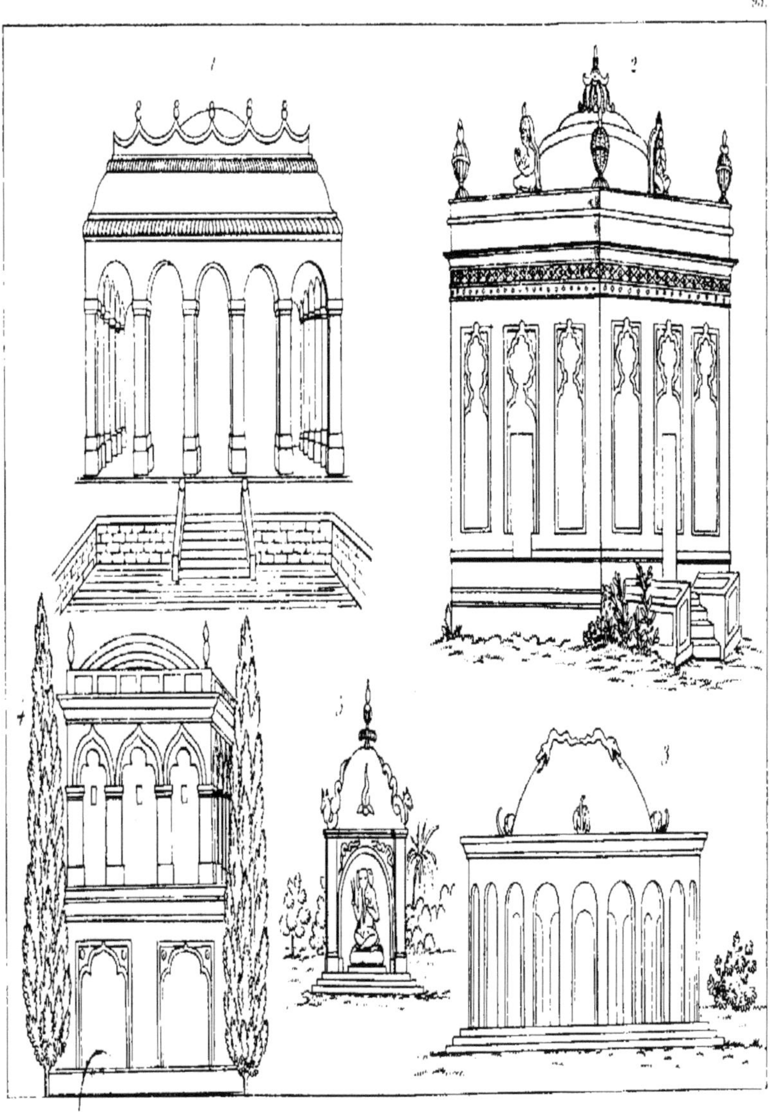

Temples indiens.

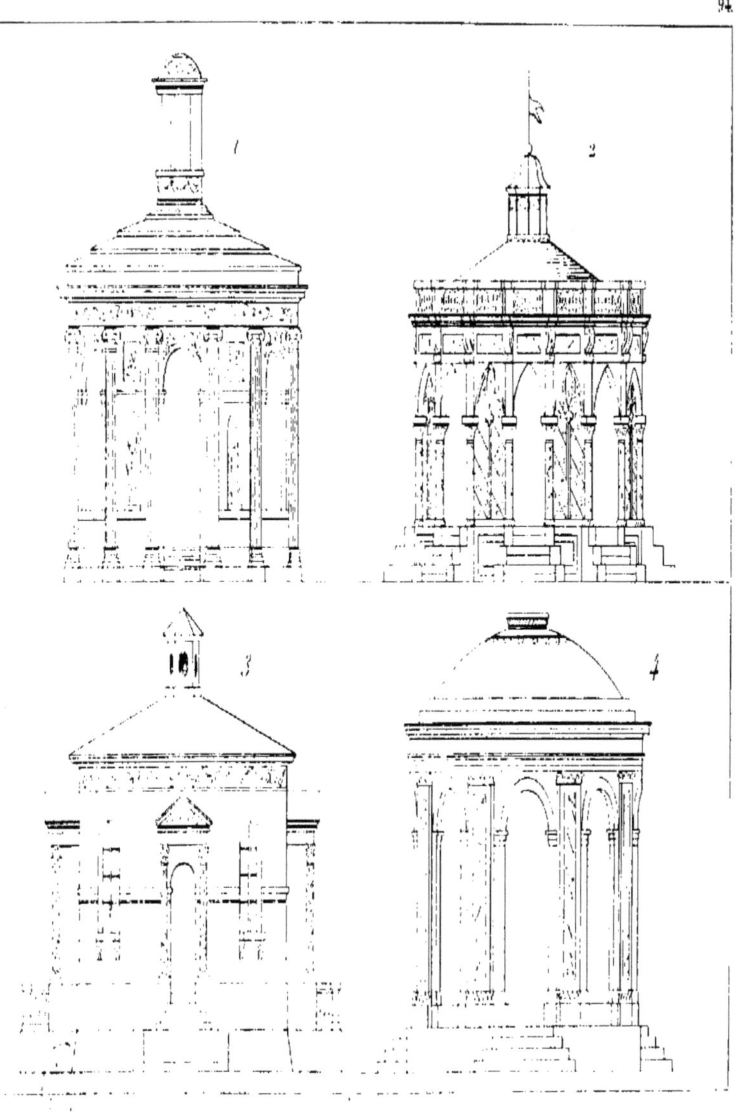

Temples-rotondes.

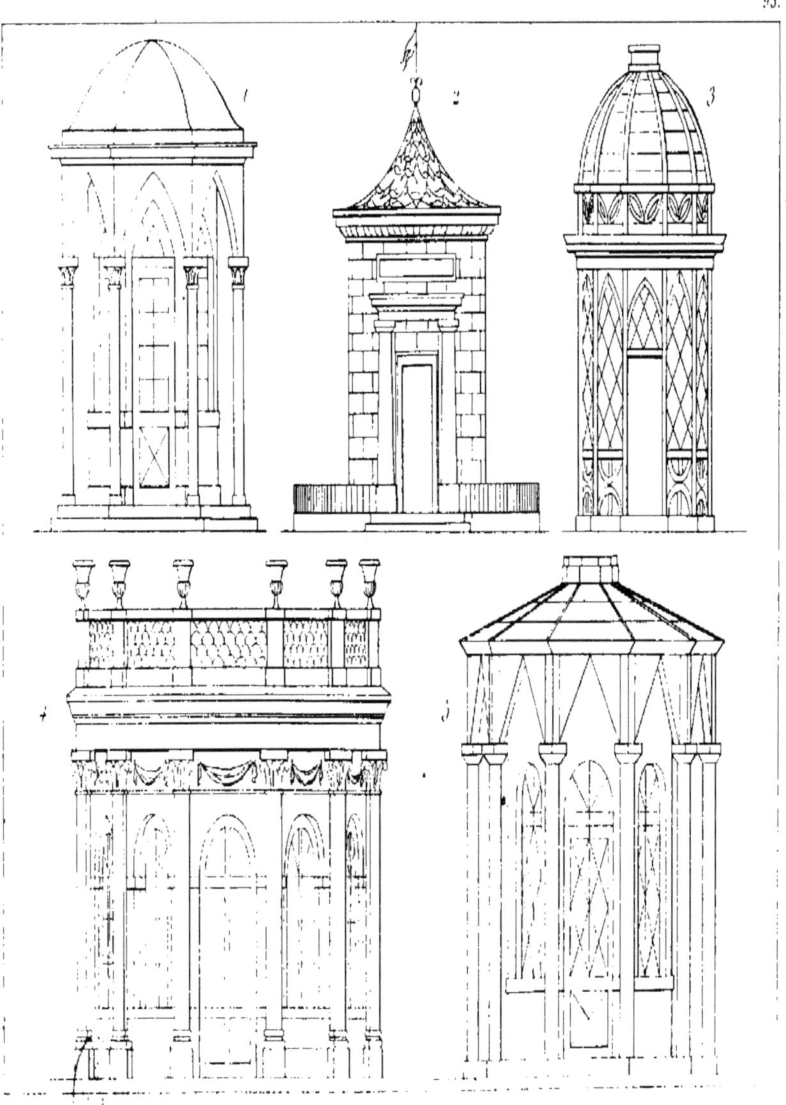

Kiosques

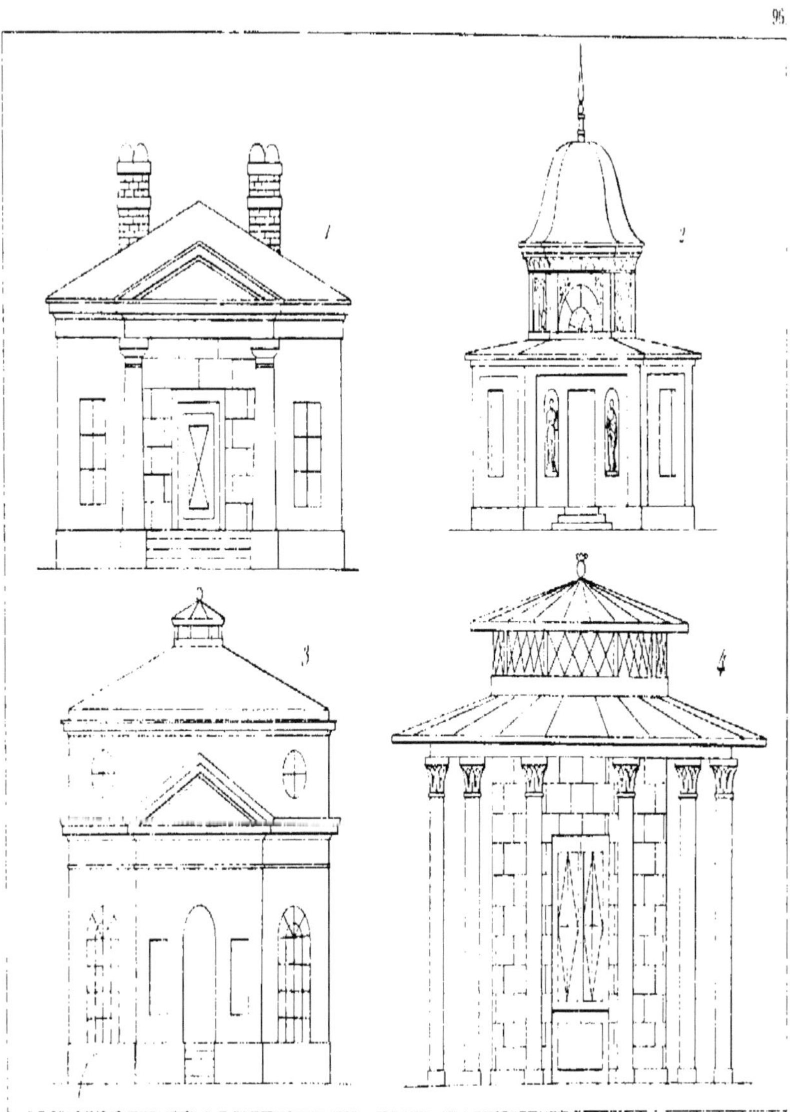
1
2
3
4

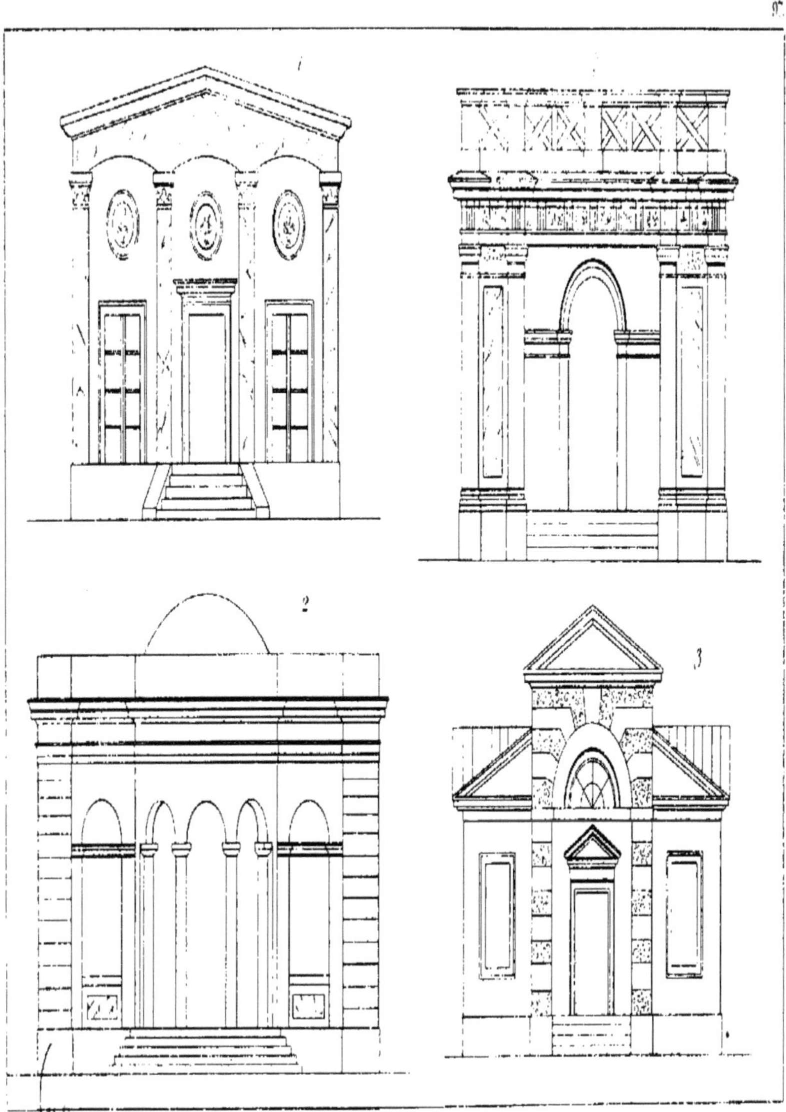

Pavillons.

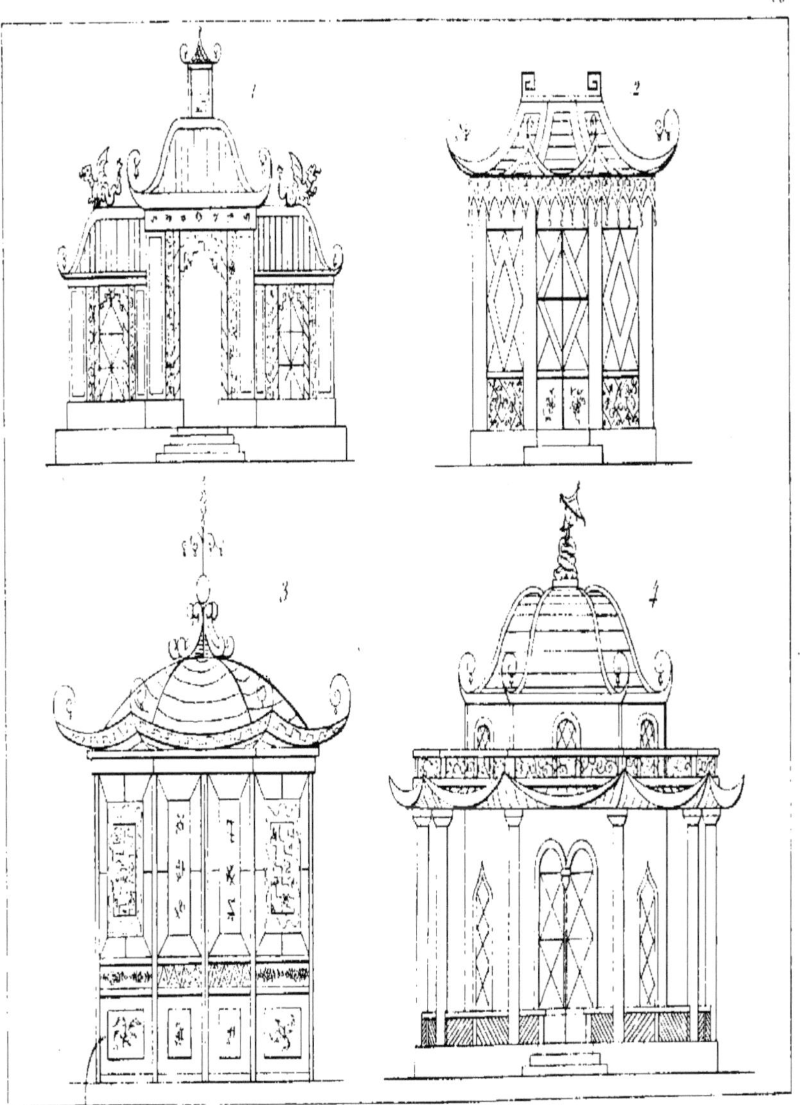

Pavillons chinois.

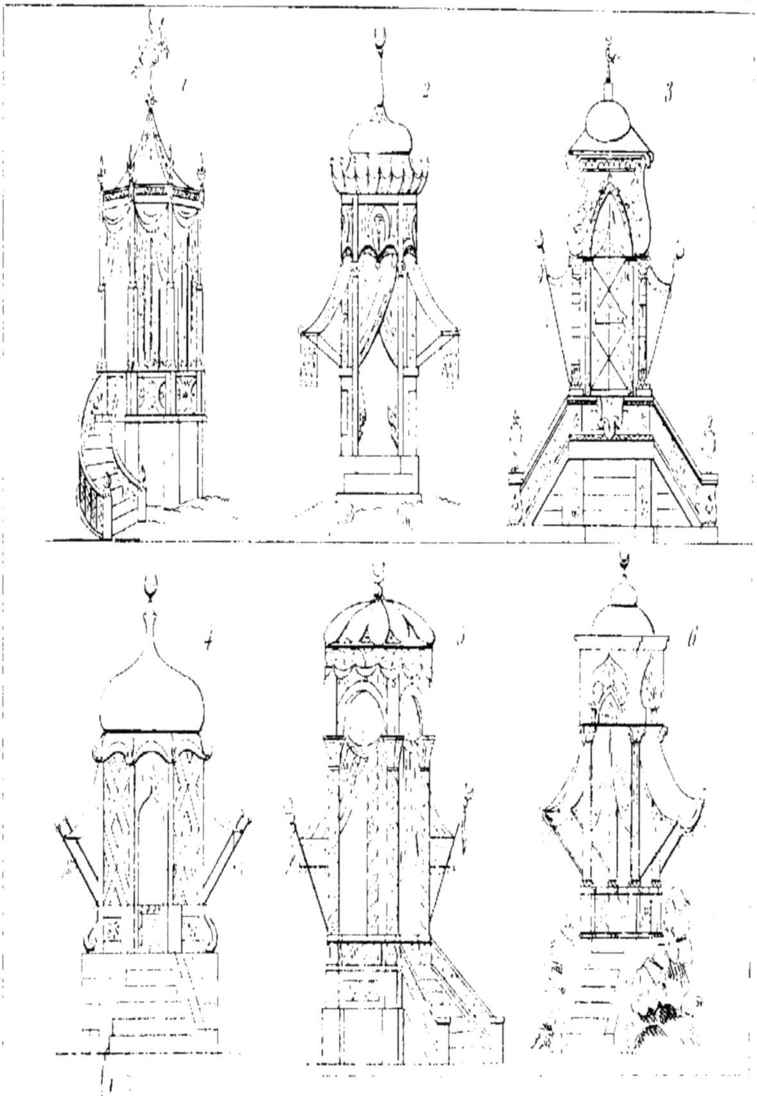

Kiosques

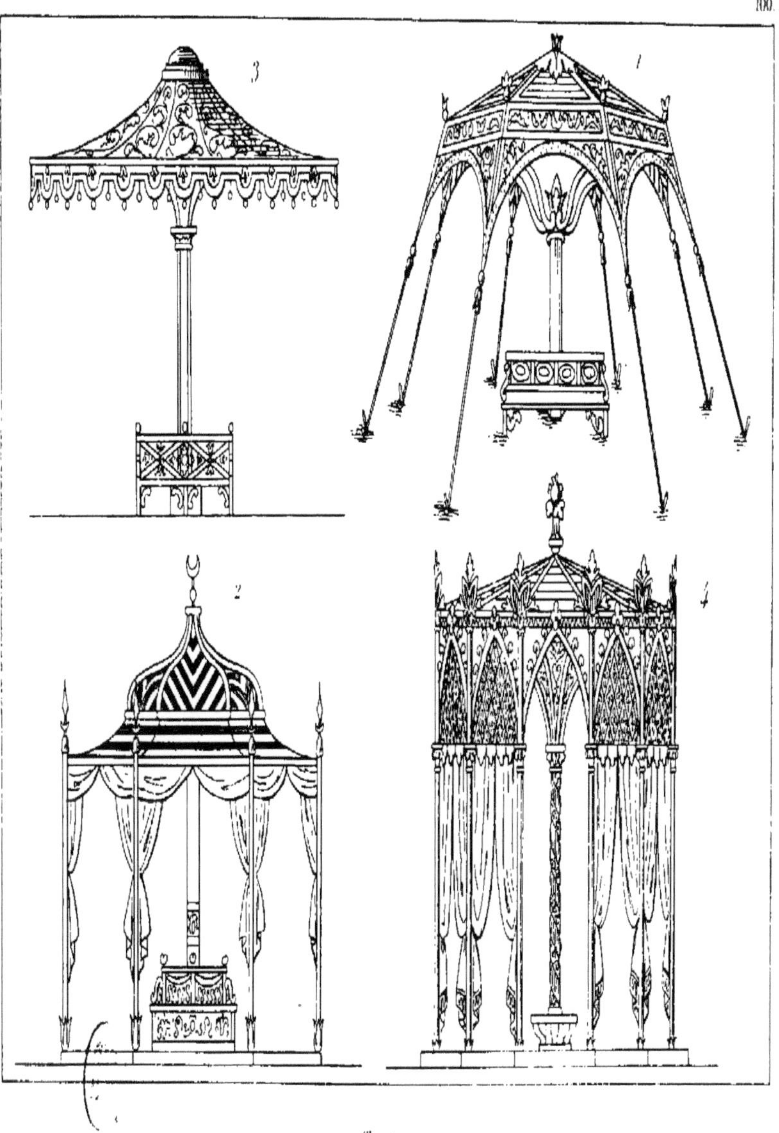

Tentes.

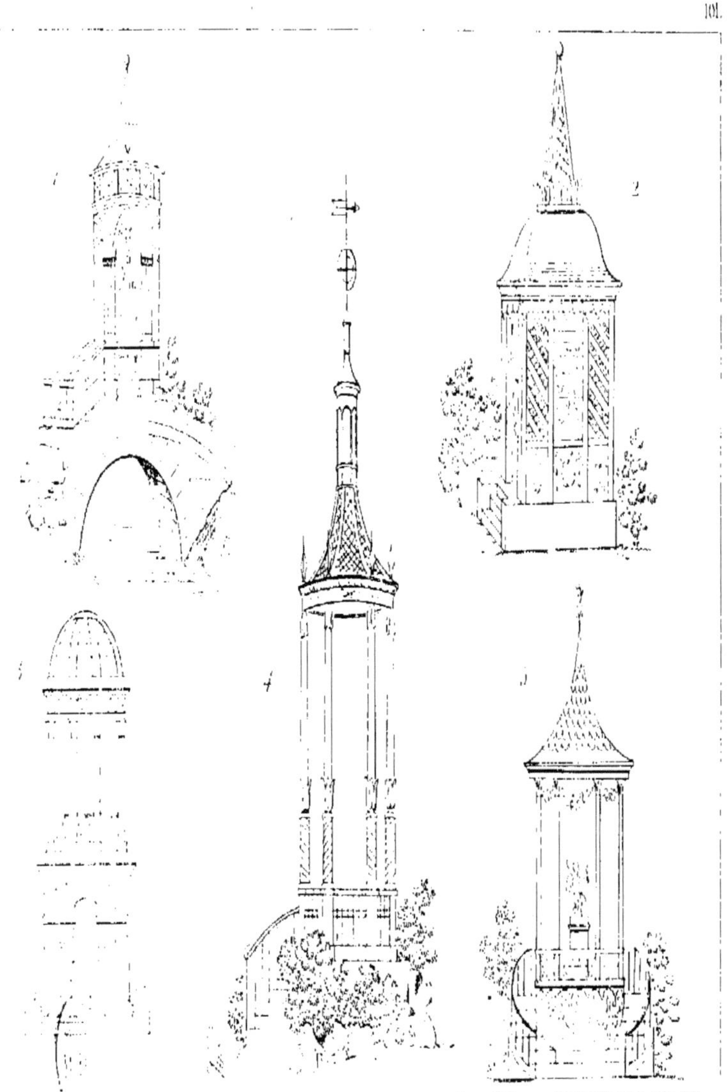

Belvedere.

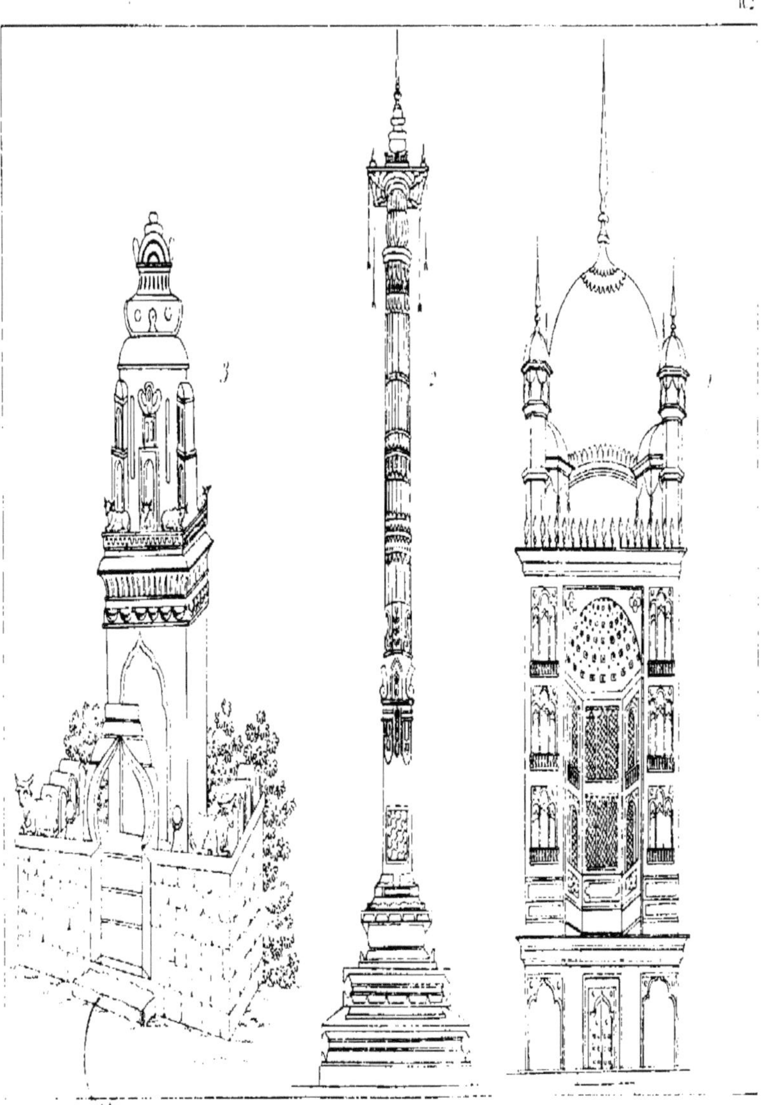

Pagodes

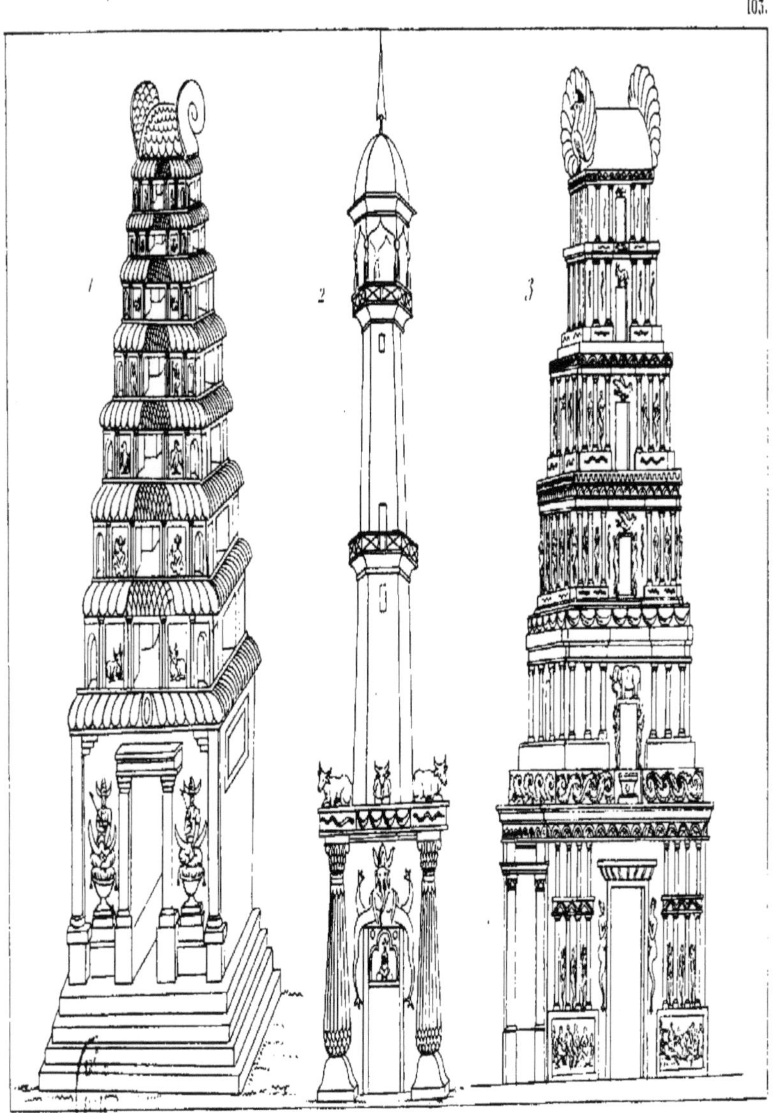

Pagodes.

1 3 4 2

Minarets.

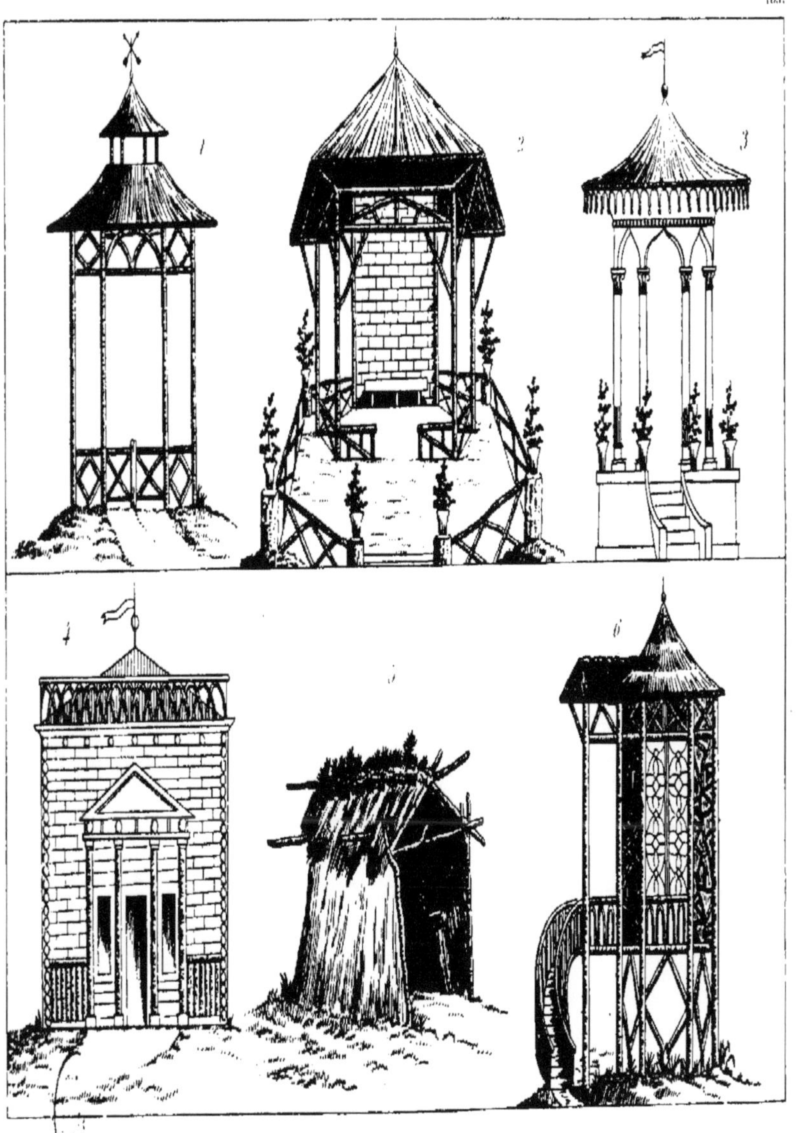

Vide-bouteilles.

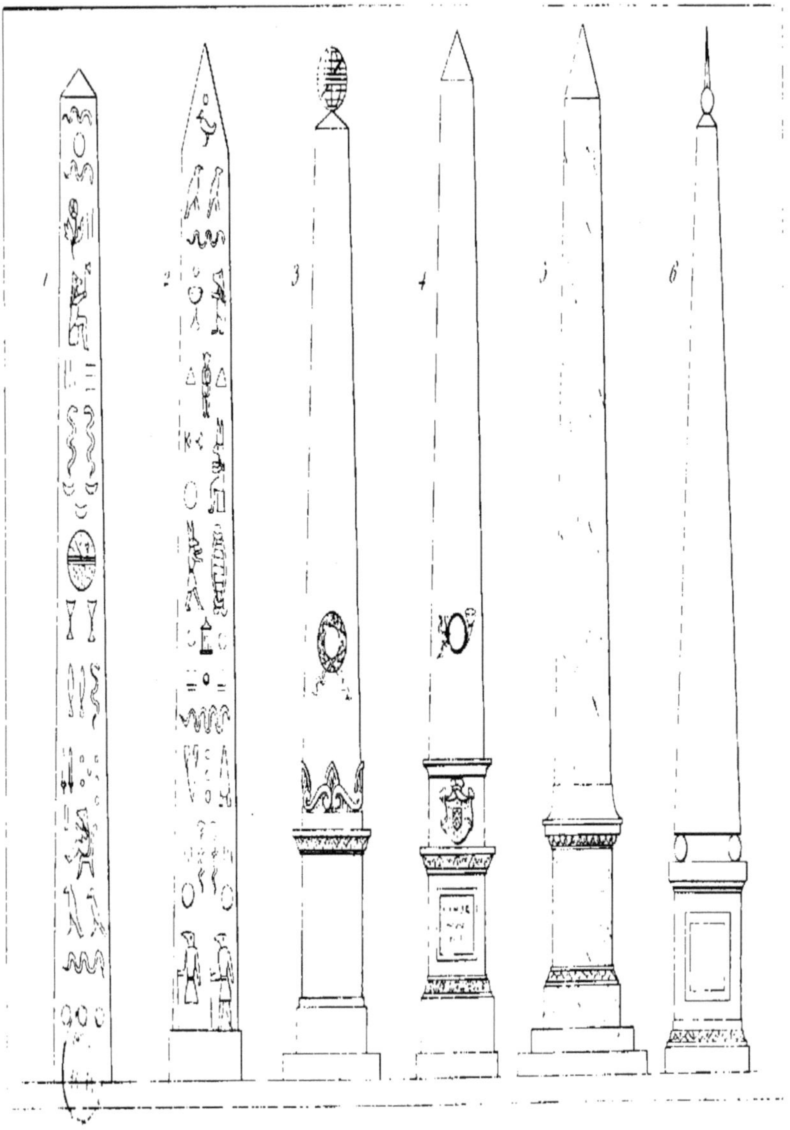

1 2 3 4 5 6

Obélisques.

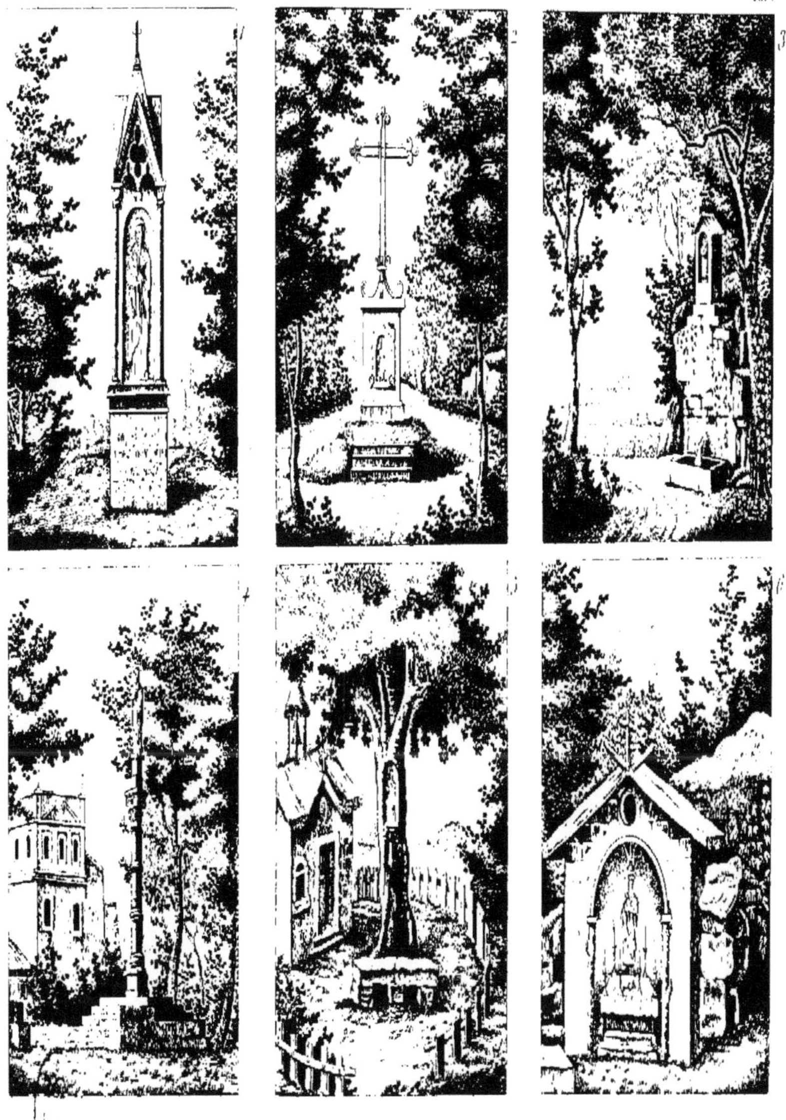

Ex-voto.

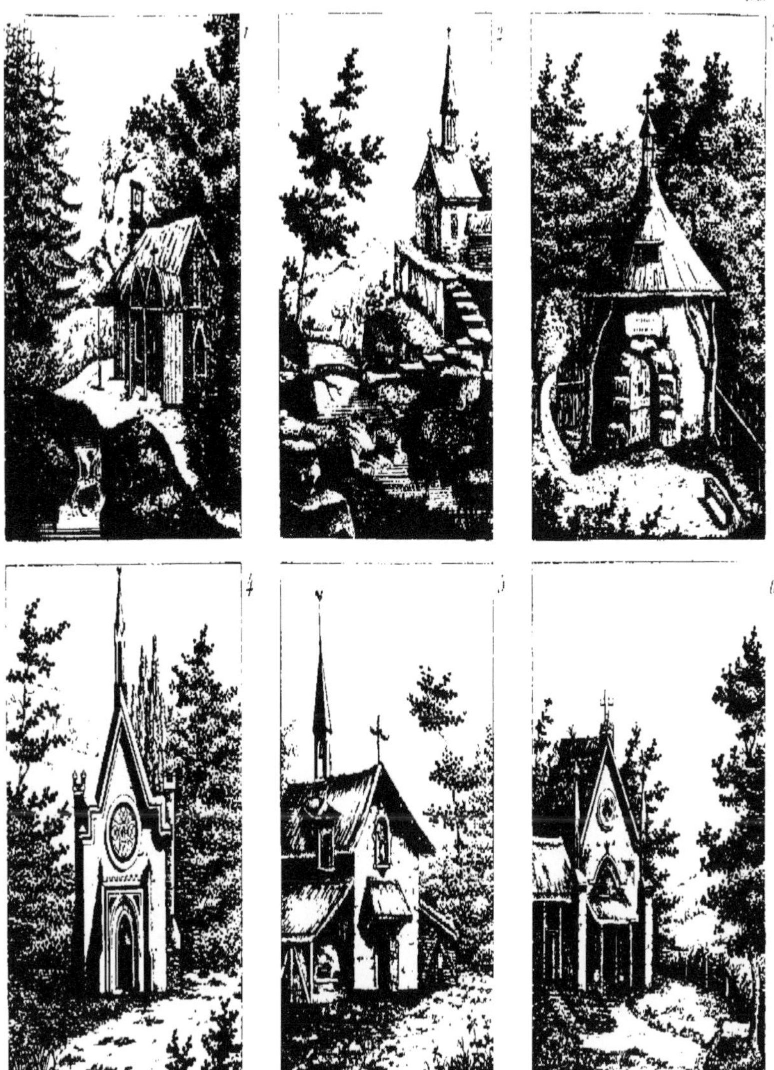

Ermitage.

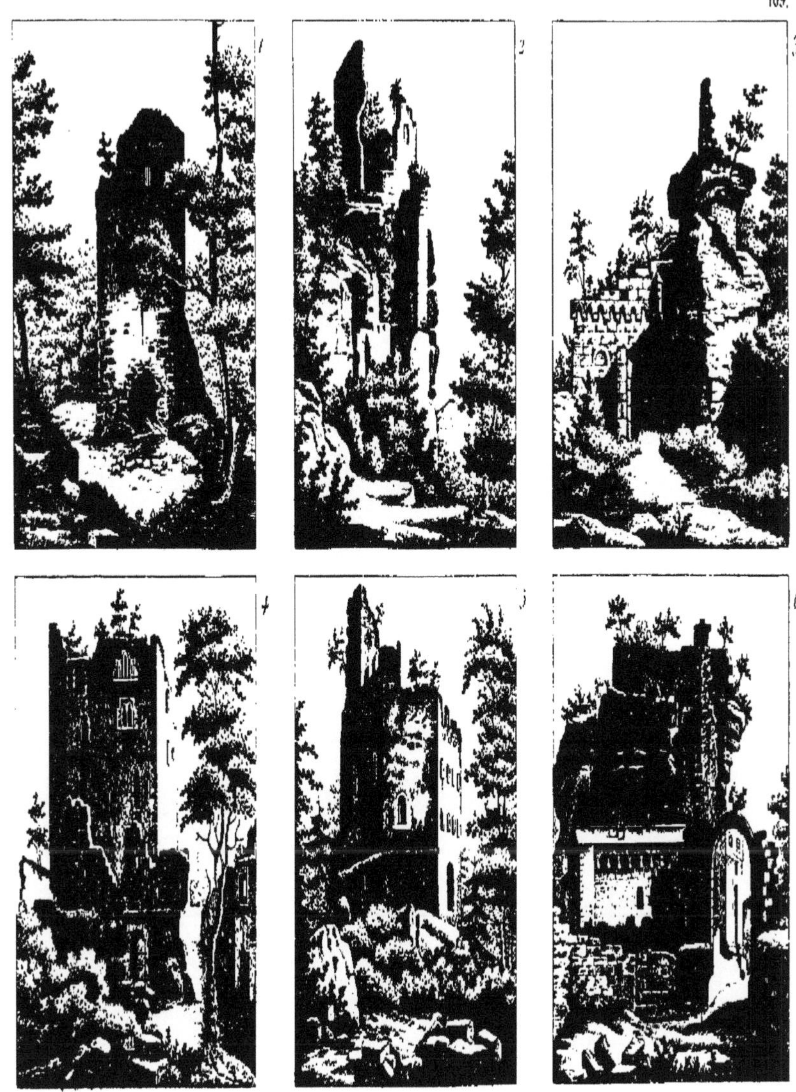

Ruines.

1

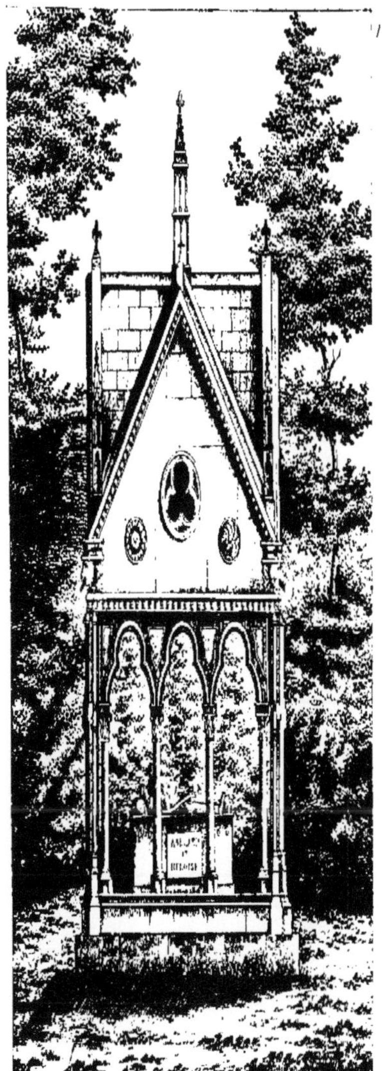

2

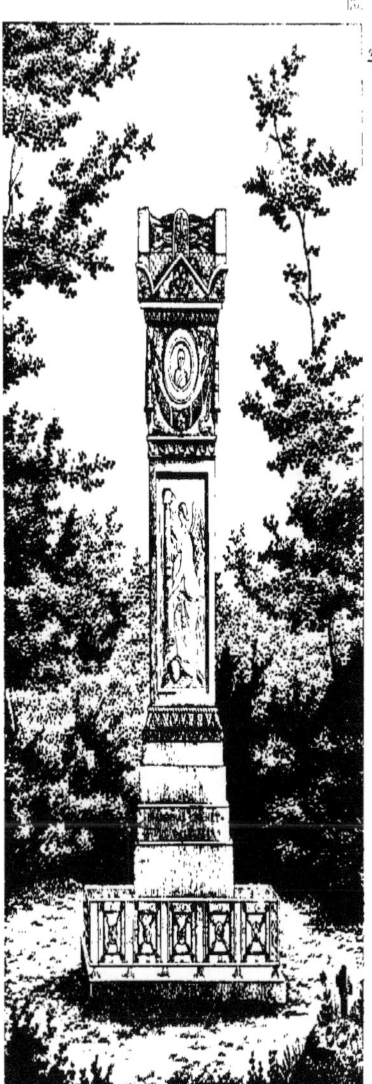

Tombeaux.

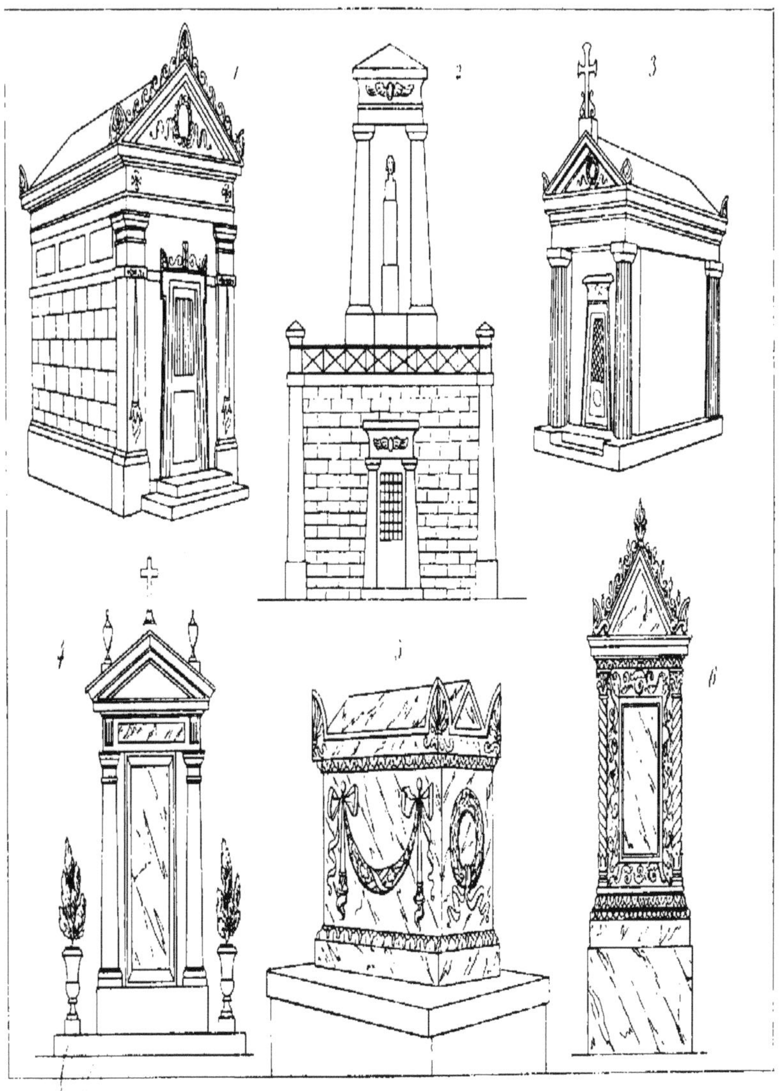

Tombeaux.

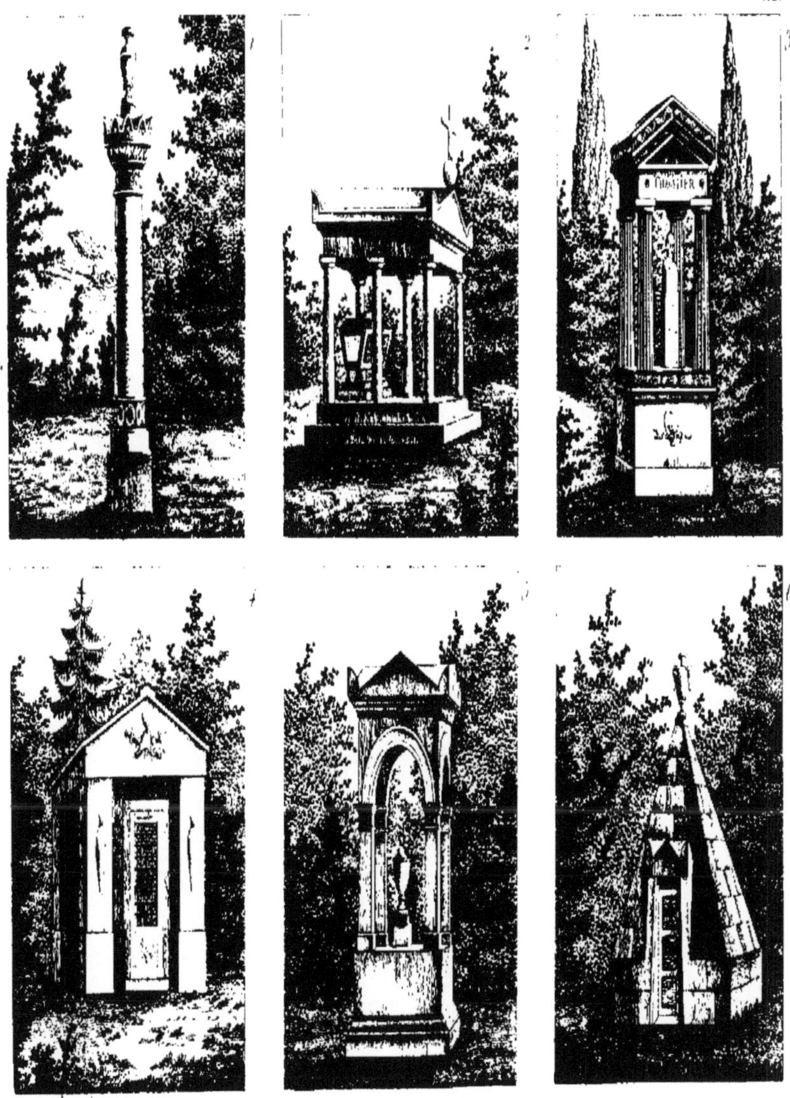

Tombeaux

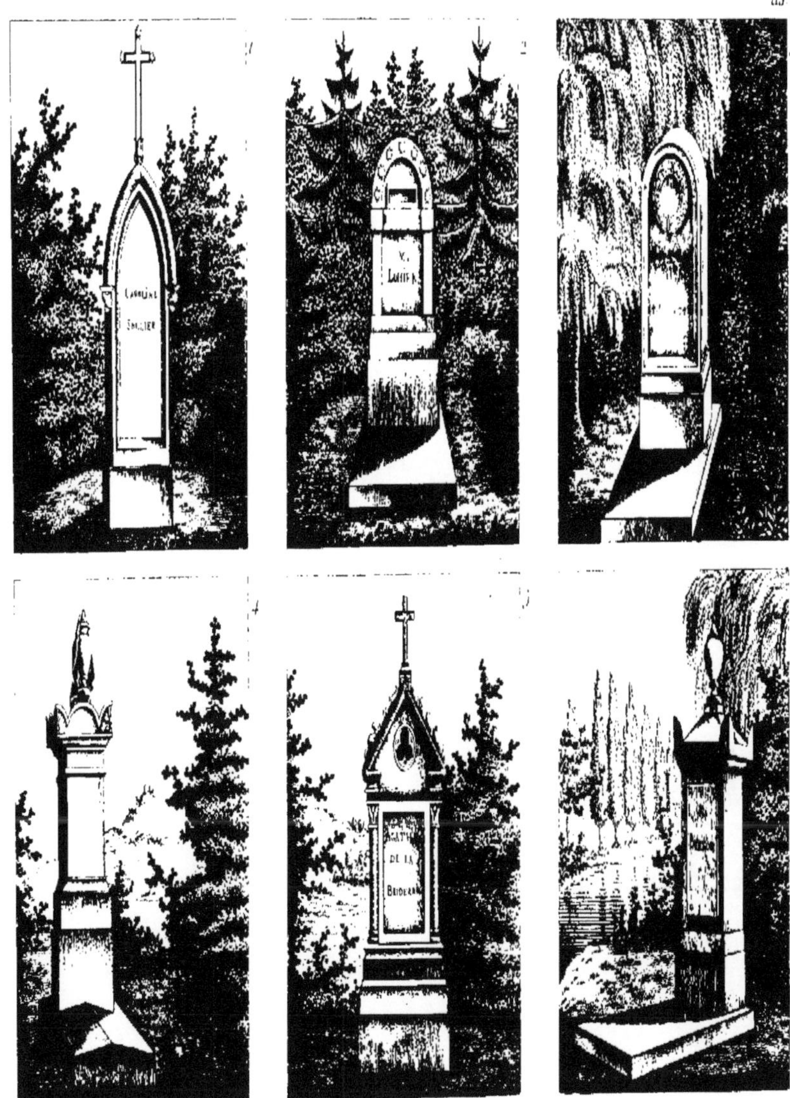

Pierres tumulaires.

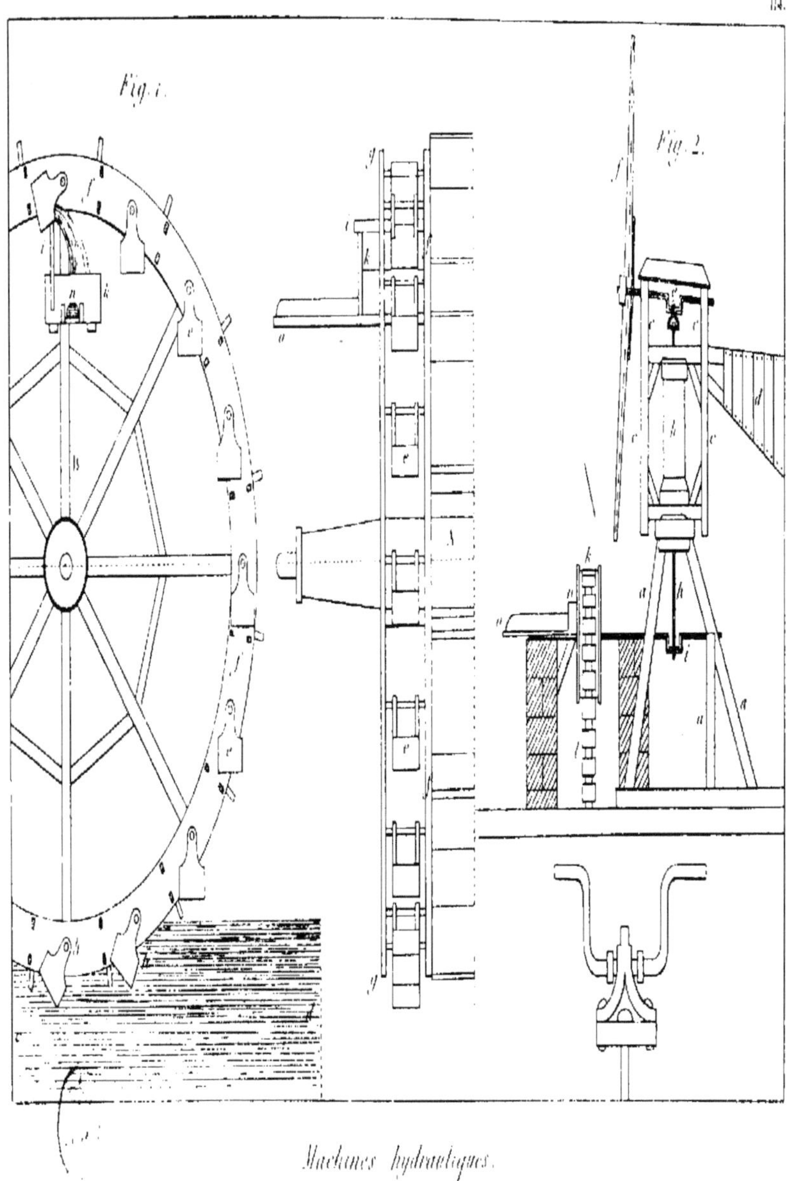

Machines hydrauliques.

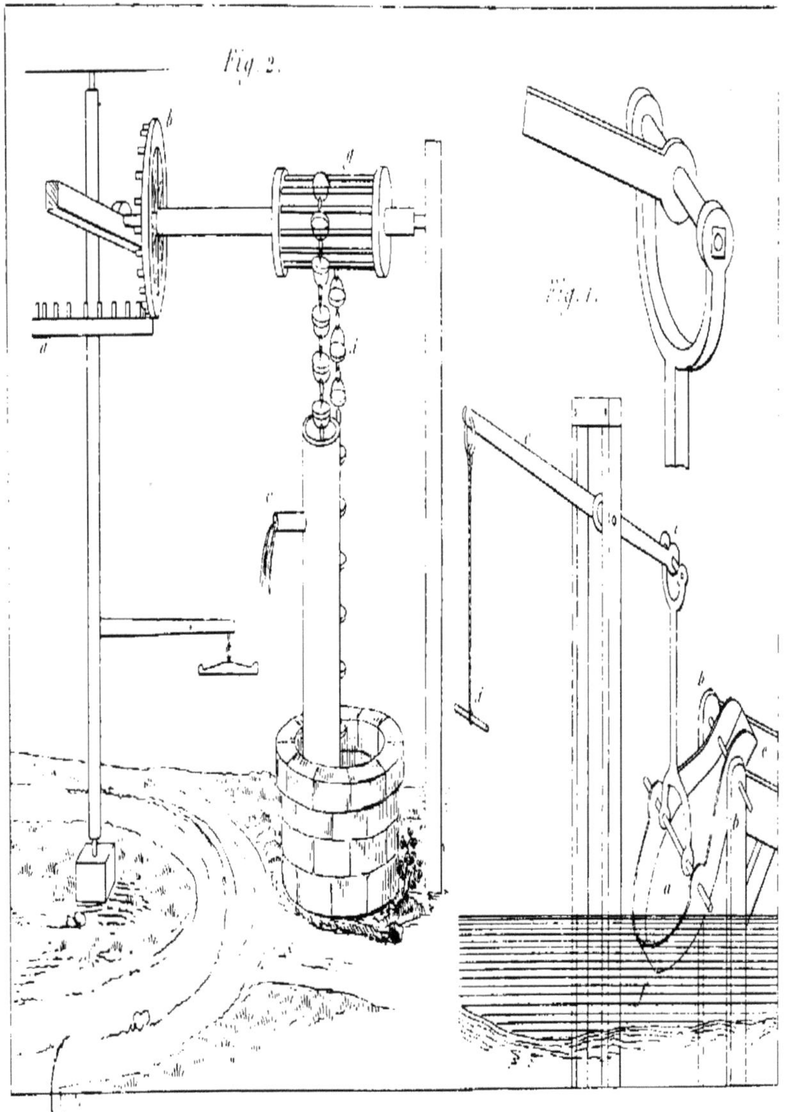

Machines hydrauliques

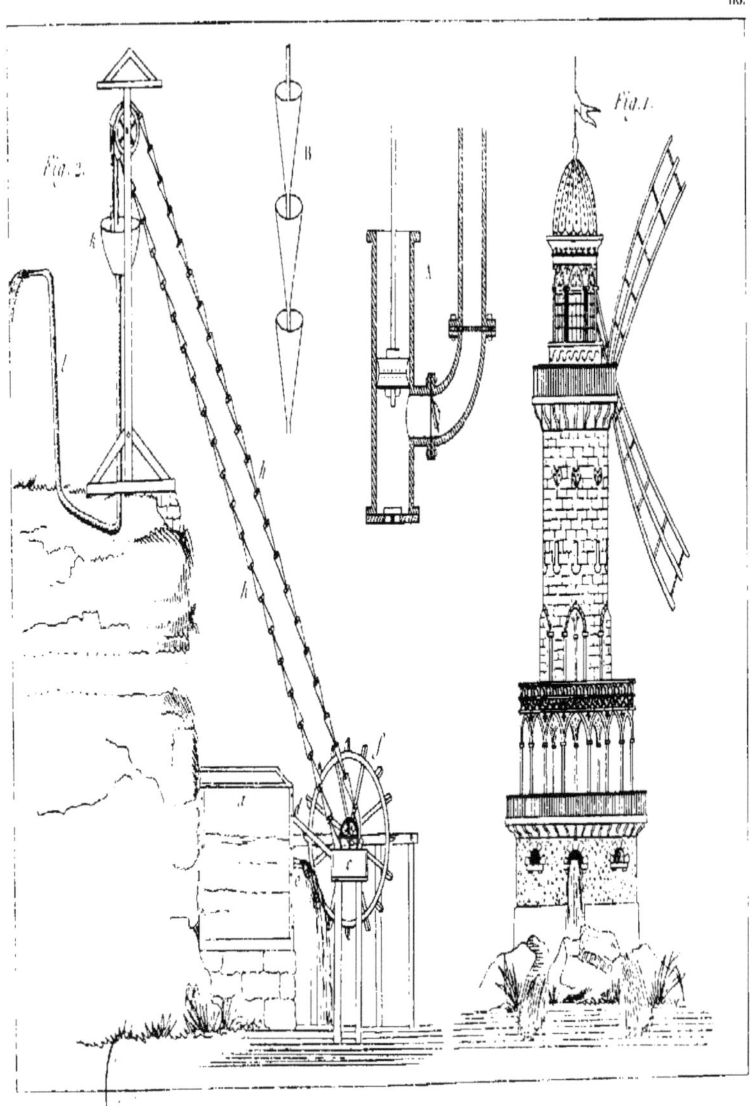

Machines hydrauliques.

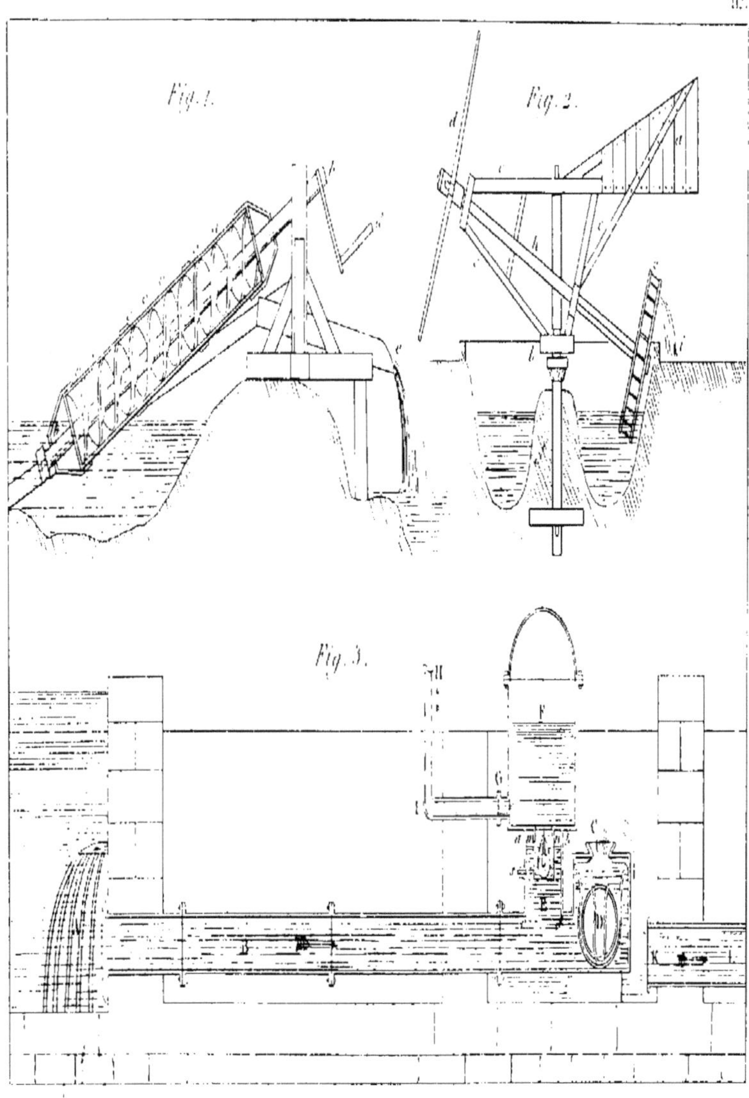

Machines hydrauliques.

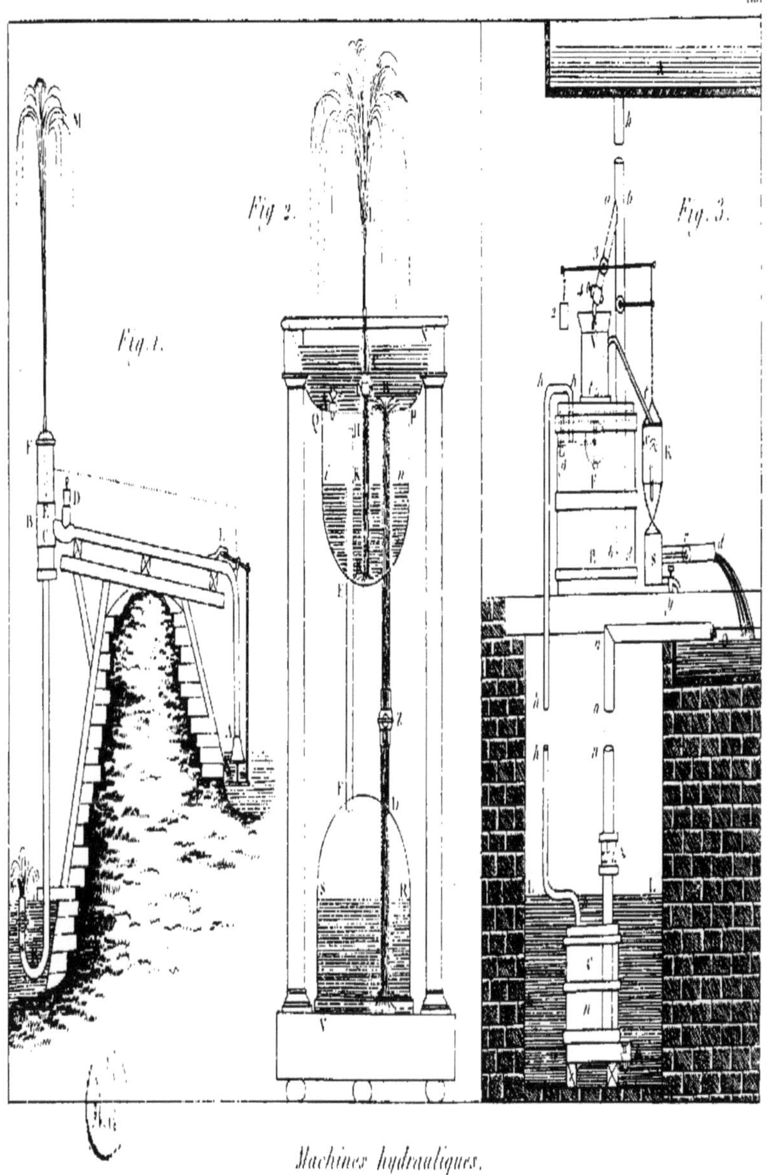

Machines hydrauliques.

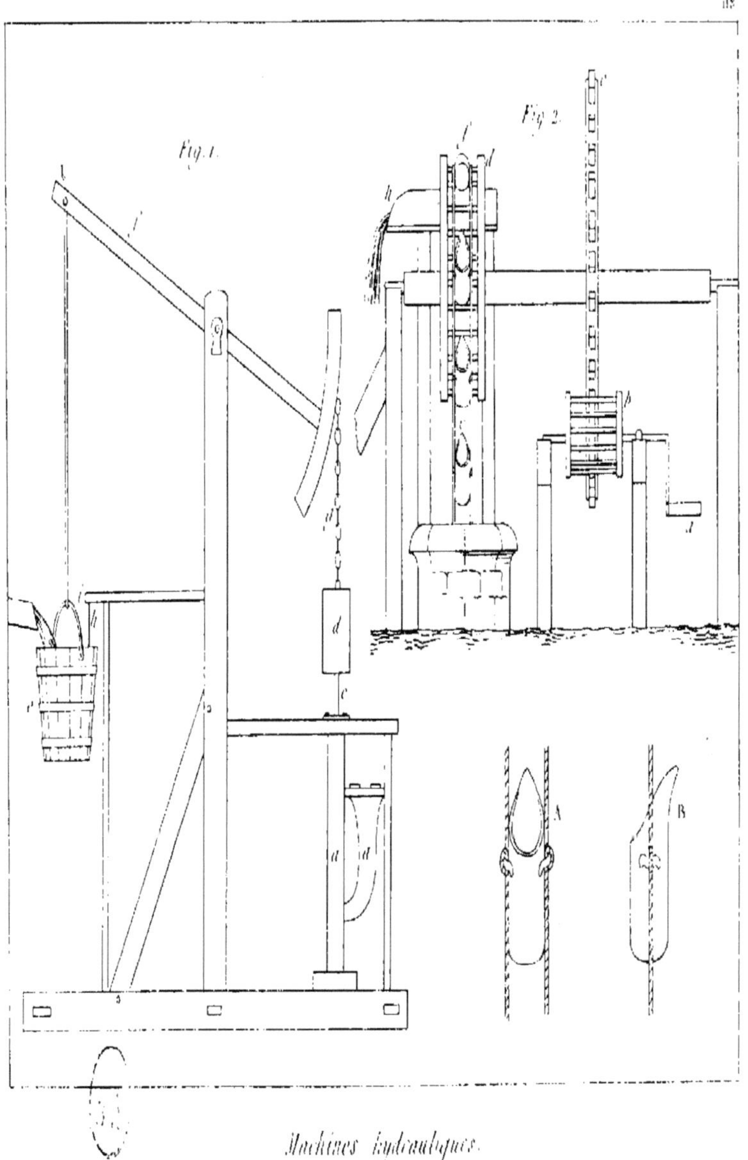

Machines hydrauliques.

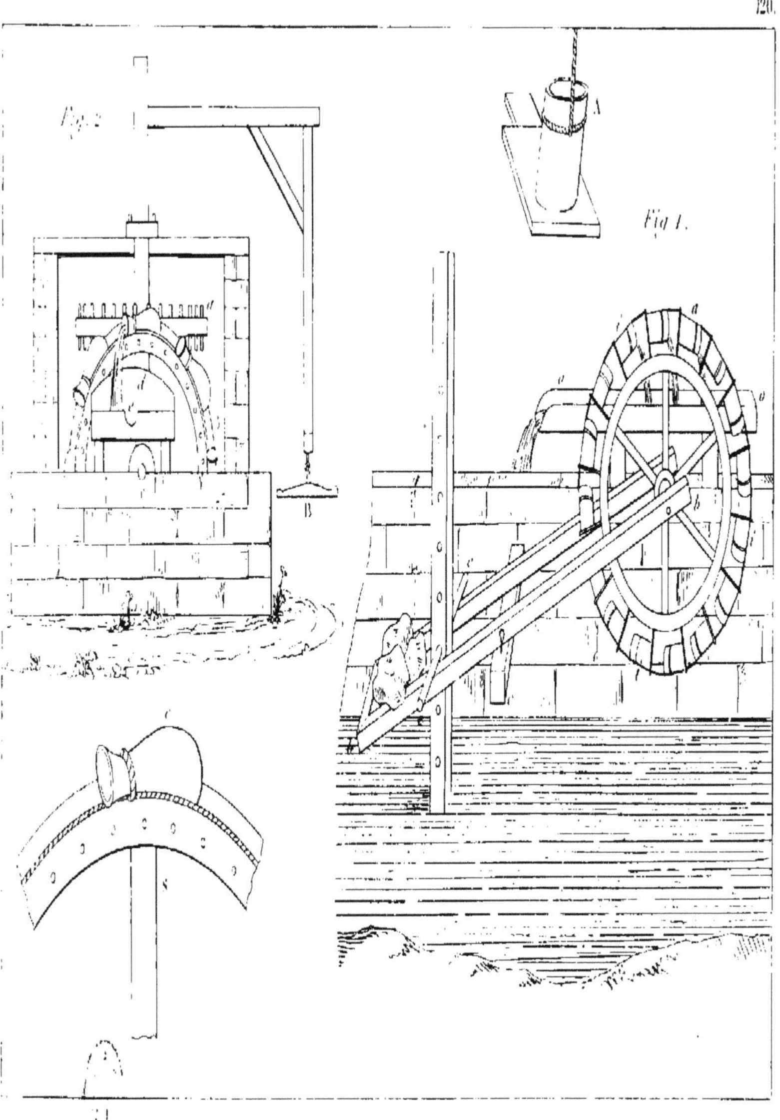

Machines hydrauliques.

www.ingramcontent.com/pod-product-compliance
Ingram Content Group UK Ltd.
Pitfield, Milton Keynes, MK11 3LW, UK
UKHW022051260726
13993UKWH00001B/51